MCF 红树林基金会　阿里巴巴公益 Alibaba Philanthropy

走进海上森林

自然教育活动手册

红树林基金会（MCF）/ 著

中国环境出版集团 · 北京

图书在版编目（CIP）数据

走进海上森林 ：自然教育活动手册 / 红树林基金会（MCF）著. -- 北京 ：中国环境出版集团，2023.2
ISBN 978-7-5111-5414-9

Ⅰ．①走… Ⅱ．①红… Ⅲ．①自然教育－中小学 Ⅳ．①G634.553

中国版本图书馆CIP数据核字（2022）第247032号

出 版 人 武德凯
责任编辑 谭嫣辞
封面设计 金 山

出版发行 中国环境出版集团
（100062 北京市东城区广渠门内大街 16 号）
网 址：http：//www.cesp.com.cn
电子邮箱：bjgl@cesp.com.cn
联系电话：010-67112765（编辑管理部）
010-67112735（第一分社）
发行热线：010-67125803，010-67113405（传真）
印 刷 北京建宏印刷有限公司
经 销 各地新华书店
版 次 2023 年 2 月第 1 版
印 次 2023 年 2 月第 1 次印刷
开 本 787×960 1/16
印 张 14.5
字 数 174千字
定 价 116.00元

著者名单

著作人员

曾　卓　胡卉哲　闫保华　滕　云　黄　芳

邓丹丹　李惠娟　刘丽华　陈　切　安小怡

李春晖　韦雪梅

图片提供人员

刘光清（贡　米）　黄达娜　胡卉哲　刘丽华

邓丹丹　李惠娟　尹玉柱　安凯闻　曾　卓

插画绘制

刘丽华　胡卉哲　肖炳祥　Huangyang Design

序 一

深圳市拥有丰富的山海资源和多样的地形地貌，在经济高速发展的同时，一直保持着近40%的森林覆盖率和土地面积近1/4的自然保护地，这都是市委、市政府高度重视生态文明，深入践行“绿水青山就是金山银山”理念的丰硕成果。“森林城市”和“千园之城”的成功创建，让山海成为深圳最美的生态背景，让自然资源成为可感知、可参与、可体验的生态福祉，让每一位市民都能够走得进山、亲得近水、赏得了城。

深圳是全国最早由市政府推动自然教育的城市，有很多关于自然教育方面的创新探索和经典案例。自2013年开始，深圳市陆续创建了30多个自然学校、自然教育基地和自然教育中心，全市逐步形成了由市政府提供场地和支持、社会组织负责运营和管理、公众免费参与自然教育活动的模式，先行探索了自然教育可推广的深圳模式。

2020年10月，深圳市规划和自然资源局出台《关于依托自然保护地高质量开展自然教育工作的指导意见》，这是深圳首个专门部署自然教育的政府文件。2020年11月2日，由深圳市规划和自然资源局牵头，红树林基金会（MCF）等单位联合发起的“深圳山海连城自然教育联盟”成立暨自然教育经验交流会议召开。随后，深圳市规划和自然资源局印发《关于成立自然教育

序　二

在深圳湾的海岸线上有一片长约9千米的红树林湿地，它如同绿色飘带一般守护着我们的城市。这里就是全国最小的国家级自然保护区——福田红树林国家级自然保护区（以下简称保护区）。这片海湾在深圳——这座中国人口密度最高的繁华都市腹地——讲述着城市与湿地、人与自然和谐共生的美好故事。

身处都市腹地，保护区的重要职责之一就是面向公众宣传保护湿地的重要意义。保护区很早就开始进行志愿者培训工作，以引导公众了解红树林湿地保护的重要意义。2013年，保护区开始和红树林基金会合作自然教育相关工作，共同开展多样化的湿地教育活动。2014年，保护区正式成为深圳首批自然教育中心，这也是中国第一个设立在自然保护区的自然教育中心。2019年，保护区成为全国首批自然教育学校。2020年，保护区成为广东省首批自然教育基地。

保护区充分发挥地处城市中心的优势，开展各类丰富多彩的教育活动，包括面向普通公众开展湿地导赏、红树讲堂等教育活动；同时也探索新媒体传播、开设在线直播等。其中，与学校教育的合作，一直是保护区工作的重点内容。让孩子们建立与自然的深切联结，引导正确的生态价值观，是我们一直以来努力的方向。

2019年，福田区的“湿地科普少年行”课程将保护区作为重要的户外教学工作领导小组的通知》并公布了首批联盟成员单位名单，以“全民、全域、全龄”理念为基础的自然教育合作平台正式搭建起来。经过不断地发展壮大，联盟目前已拥有120多家成员单位。

深圳自然教育的蓬勃发展离不开高水准社会组织的参与和贡献。红树林基金会一直深入参与深圳市的自然教育工作，积极和自然保护地合作，发挥专业所长，在规划建议、课程研发、人员培训、活动执行等方面提供了有力支持。此次出版的活动手册，是红树林基金会在自然教育课程研发方面的优秀成果，代表了深圳自然教育已逐步走向规范化发展。红树林基金会将多年研创、实践的成果案例进行及时的总结、提炼，以分享给更多从事自然教育和自然保护的伙伴。希望深圳未来能有更多的自然教育学校和从业人员及时总结课程经验，不断优化发展模式，积极提高发展水平，持之以恒、久久为功，为自然教育发展做出新的贡献，共同将深圳建设成为人与自然和谐共生的典范城市。

深圳市规划和自然资源局　张宇文

场地，让中小学生能够在保护区内真实的湿地环境中进行正规的自然教育课程学习。该课程基于保护区的场地路线和设施，充分展示了湿地的自然资源，同时能够和中小学的课程目标接轨，满足学校对于教育品质的要求。希望深圳市所有的孩子都能在上学期间进入保护区进行自然教育课程学习，了解我们城市身边的自然宝藏，在心底“栽下”热爱湿地的种子！

广东内伶仃福田国家级自然保护区管理局局长　胡平

序　三

作为社会主义先行示范区的中心城区，深圳市福田区在经济高速发展的过程中，始终重视生态文明建设。2011年，福田区被环境保护部授予“国家生态区”称号，成为全国第一个获此殊荣的中心城区。“建设低碳生态中心城区”“建设民生幸福的首善之区”已经被列为福田区发展的战略目标。地处深圳市中心的福田区拥有一片国家级自然保护区——福田红树林国家级自然保护区（以下简称保护区）。这是镶嵌在深圳湾海岸的一颗璀璨明珠，是大自然给予福田的慷慨馈赠。这片城市中心的湿地不仅是重要的自然保护地，也是难能可贵的环境教育资源，为福田区中小学环境教育提供了宝贵的实践基地，使福田区的莘莘学子有机会通过户外学习走进湿地，接触大自然，获得亲身体验，学习生态文明知识，埋下一颗热爱大自然、敬畏大自然的种子。

福田区教育局在保护区创建了“福田区中小学生态文明建设教育基地”，福田区教育科学研究院和红树林基金会联合开发中小学环境教育课程。福田区各学校和保护区的合作也由来已久，福田区多所中小学组织学生进入保护区学习和实践。以红树林基金会为代表的社会组织为中小学生提供了生态知识和环境教育方面的专业支持，助力福田区环境教育走向科学规范。自2019年开始，福田区教育局、福田区科学技术协会、广东内伶仃福田国家级自然保护区管理局和红树林基金会共同推出“湿地科普少年行”课程，福田区的中小学生以班级方式进入保护区和生态公园，开展系统的湿地教育。该课程获得学校师生的认可和欢迎，两年间有超过100个班级的学生走进红树林湿地参与学习。《走进海上森林　自然教育活动手册》是“湿地科普少年行”课程的重要组成部分，为各学校有效开展湿地教育提供了有效策略和路径，这是福田区教育科学研究院与红树林基金会共同努力、扎根红树林湿地的本土研究成果。2022年4月颁布的《义务教育课程标准》更加强调知行合一，强调课程与生产劳动、社会实践的结合。《走进海上森林　自然教育活动手册》将助力《义务教育课程标准》的实施，惠及更多学生。

得英才而教之者，是为福；滋兰蕙于九畹者，是为田。幼有善育，学有优教，福田打造的教育生态生机勃勃，正在先行示范的教育之路上昂首阔步，铿锵前行。

深圳市福田区教育科学研究院　张玉彬

（张玉彬，深圳市福田区教育科学研究院学术委员会主任，课程与教学研究部部长，特级教师，正高级教师，教育部教师国培计划专家。）

序　四

深圳市拥有丰富的湿地资源，尤其是萦绕在深圳湾的红树林湿地，它作为最早的“原住民”，见证了这个城市的沧海桑田、时代变迁，但依然温柔地呵护着这片海湾。

红树林基金会（MCF）成立于2012年，是中国首家由民间发起的环保公募基金会，致力于保护湿地及其生物多样性，践行社会化参与的自然保育模式。自创立初始，对深圳湾红树林湿地的保护就成为基金会所有工作的起点。我们期望对红树林、对候鸟、对湿地的热爱能够渗入每个深圳人的血液，让湿地之美成为这个繁华一线城市不可分割的基因。

《走进海上森林　自然教育活动手册》是红树林基金会多年来自然教育工作的一份总结，它来自一线教育人员挥洒汗水的实践，来自各主管部门的慷慨指导和支持，来自众多伙伴机构、学校师生、志愿者们的热情共创。它也凝聚了基金会在自然保护地探索、开展自然教育的不断提升和思考，在努力地回答“什么是有效的湿地教育”的问题。

2022年，《湿地公约》第十四届缔约方大会在武汉市召开，东道国活动“CEPA湿地教育与保护论坛”成功举办，国际红树林中心落地深圳市。这是湿地保护工作值得庆祝的大年！仅以此手册奉献给所有关心湿地保护、湿地教育的伙伴，让我们共同为湿地保护事业努力耕耘，绘制美丽中国的生态画卷。

红树林基金会（MCF）执行理事长　刘明达

前　言

一、自然教育可以成为湿地保护社会化的起点

（一）我国湿地保护进入新阶段

湿地是一种介于陆域和海域之间的独特生态系统，也是地球上初级生产力、碳储存量最高的生态系统，支持着丰富的生物多样性。湿地与人类的生存与发展息息相关，其为我们提供了水文调蓄和水质净化、食物和产品供给、气候与自然灾害调节、文化与旅游等生态系统服务，具有重要的生态价值。

我国湿地面积位居世界第四，湿地类型多、分布广且差异大。我国在1992年加入《关于特别是作为水禽栖息地的国际重要湿地公约》（以下简称《湿地公约》）并引入湿地保护概念，随后出台了湿地保护相关规划和管理规定、建立了众多湿地自然保护地、采取了湿地资源监测和湿地宣教等一系列卓有成效的措施。尤其是党的十八大之后提出了生态工作的新理念、新思想、新战略，使湿地保护的热度和关注度提升到空前高度。2022年，我国第一部《湿地保护法》正式实施，湿地保护进入法治化新阶段。湿地保护事业已成为我国生态文明建设的重要内容之一。

回顾我国湿地保护工作开展的30年时间，已经取得显著成绩。截至2022年，我国的湿地自然保护地体系已拥有64处国际重要湿地、29处国家重要湿地、602处湿地自然保护区和1 693处湿地公园，超过52%的湿地被纳入湿地自然保护地管理体系。2022年11月，《湿地公约》第十四届缔约方大会在中国武汉市举办，这也是其首次在中国举办。中国湿地保护作为美丽中国生态画卷的独特篇章，为世界湿地保护提供了丰富的实践案例。短时间内，湿地保护也面临巨大压力，尤其需要引导公众正确理解生态保护理念，从科学的角度认识湿地保护的重要性。

湿地教育一直都是湿地保护工作的重要支撑。尤其是进入新时代，越发需要来自公众的对湿地保护事业的认可和支持。只有让湿地保护的成果可体验、可感知，提供更多的社会文化和教育价值，才能让更多人，尤其是让青少年成为湿地保护的支持者。

（二）自然教育已成为自然保护地重要的工作内容

我国自然保护地的建设始于1956年，到2019年，国家林业和草原局发布《国家公园管理暂行办法》，初步建立以国家公园为主体、自然保护区为基础、各类自然公园为补充的自然保护地体系。各级各类自然保护地既是保护自然生态环境和维护国家生态安全的重要载体，同时也是开展生态教育、自然体验、生态旅游等活动的最佳场所。

近10年，我国自然教育事业蓬勃发展，自然教育逐渐成为公众亲近自然、了解自然、欣赏自然的重要方式。2019年，国家林业和草原局印发了《关于充分发挥各类自然保护地社会功能　大力开展自然教育工作的通知》，提出要主力建设具有中国特色的自然教育体系，进行全国部署。各类自然保护地开始将自然教育工作列入工作全局。中国林学会联合全国300多家机构，成立全国自然教育总校，搭建全国性参与新平台，自然教育发展进入快车道。

广东省是全国最早一批发展自然教育的省份之一，也是全国湿地资源最丰富的省份之一。经过10多年的发展，广东省自然教育已由民间发展逐步走向政府主导，并建立了一批优秀的湿地自然保护地。2021年，广东省林业局发布全国首个省级自然教育规划，为广东省自然保护地的自然教育发展提供政策支持和方法指导。深圳市则是广东省最早基于湿地自然保护地开展自然教育实践的城市，深圳湾成为全国自然教育探索最初的试验田。

深圳湾湿地位于广东省南部、珠江口东侧，毗邻深圳市和香港特别行政区，也称为“后海湾”。因其独特的红树林湿地生态系统和迁徙水鸟栖息地的重要功能，深圳湾湿地所在区域先后被列入国内外湿地自然保护地行列。其中，深圳一侧主要有福田红树林国家级自然保护区（国家重要湿地）、福田红树林生态公园（市级湿地公园）、深圳湾公园（市级湿地公园）和华侨城湿地（国家级湿地公园）；香港一侧则有米埔沼泽、内后海湾（国际重要湿地，包括米埔自然保护区）和香港湿地公园。深圳湾湿地虽在行政管理上分属多个主体，但在生态学上仍属于同一个红树林湿地生态系统。其中，深圳湾公园和福田红树林生态公园作为缓冲区和生态廊道，将福田红树林国家级自然保护区和国际重要湿地的原生红树林湿地连接成一片完整的湿地（图1）。

位于城市腹地的深圳湾，为深圳的发展赋予了重要的生态价值和文化价值，同时也在城市的快速发展中承受了巨大的压力。在深圳发展的几十年间，数次的填海导致深圳湾天然海岸线迅速消失，天然红树林面积大量减少。保护

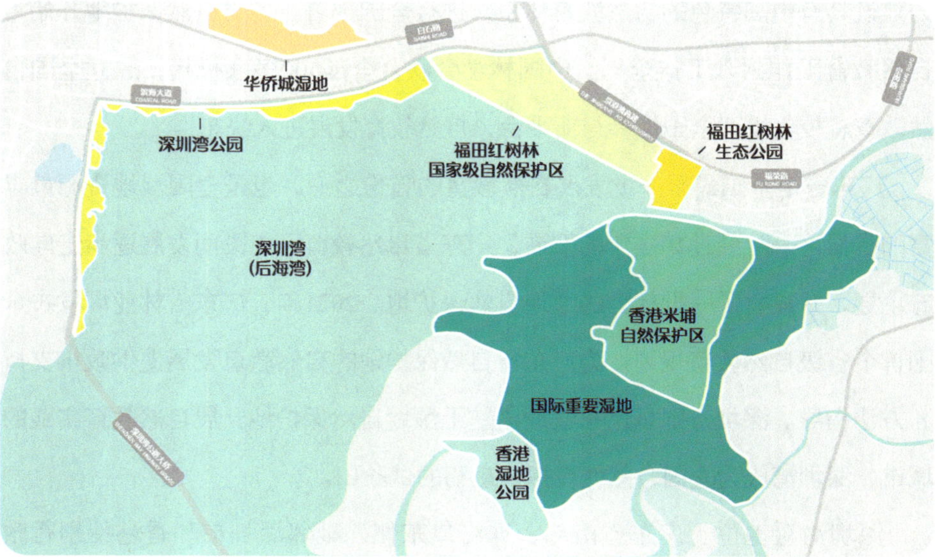

图1 环深圳湾的湿地自然保护地

区与城市的距离如同一把“双刃剑”，既是发动公众参与保护的天然优势，又时刻承受着城市发展的种种压力。

在此背景下，湿地保护工作的主管部门和社会组织意识到面向公众，尤其是面向城市的下一代——青少年进行湿地教育的重要性。自2013年开始，红树林基金会（全称为深圳市红树林湿地保护基金会，MCF，以下简称基金会）与广东内伶仃福田国家级自然保护区管理局合作开展自然教育，建设自然教育中心。之后，基金会在深圳市城市管理和综合执法局、深圳市公园管理中心和福田区水务局等部门支持下，分别在深圳湾公园和福田红树林生态公园创建自然教育中心。这些自然教育中心面向学校、社区居民、企业、媒体等，开展以湿地保护为目标的自然教育活动，以帮助公众建立对深圳湾湿地的认知与情感联结，引领公众关注、支持和参与深圳湾湿地的保护工作，化环境压力为湿地保护动力。

二、面向中小学生的学校自然教育

（一）城市家庭教育对“自然缺失症”的关注

随着城市化发展，社会公众对“自然缺失症”这一社会现象日益关注，也进一步推动了自然教育在中国的发展。其背景是城市化发展与科技进步对现代生活方式的重塑引发了一系列的社会问题，尤其是儿童与青少年高度依赖电子产品、户外活动时间减少和缺乏人际交往等，与自然疏离，进而身心健康发展受到影响。关注家庭教育的家长率先带领孩子参与自然教育的亲子活动，以期通过自然体验重建孩子与自然的联结、促进孩子的健康成长。进入中小学教育阶段的家长关注自然教育对孩子学习兴趣和学业成长的促进作用，并通过家委会活动等形式将自然教育活动带进校园，或将孩子班级带出学校，体验户外自然教育活动。因此，我国自然教育在非正规教育领域的发展先于正规教育领域（学校教育），家庭教育在一定程度上促进了自然教育从非正规教育领域走向正规教育领域。

（二）学校教育中环境教育和自然教育变化

实际上，我国学校自然教育的发展早有环境教育和可持续发展教育所奠定的基础。早在20世纪80年代，我国就开始在学校教育中纳入了环境知识普及和环保教育宣传；20世纪90年代，我国教育部发布了《中小学环境教育专题教育大纲》《中小学环境教育实施指南》等文件和为期10年的“中国中小学绿色教育行动”项目，进一步推动了环境教育和可持续发展教育在学校教育中的发展，并通过一系列优秀的教材和环境保护实践活动将环境教育融入学校课程。随着基础教育改革以及生态文明理念的提出，学校环境教育的内容也受到科学教育、博物教育、生态教育、劳动教育等的影响而变得更加丰富。

目前，学校开展自然教育活动的模式与学校环境教育的发展大体相似，主要为“渗透式”和“跨学科式”。“渗透式”表现为学校不单独设立自然教育课程，由教师将自然教育相关内容和要求融入已有的教学任务中，如与科学、地理、生物、语文、艺术等学科课程相结合，或与德育课、班会课、生命教育课等相结合。此外，还有与很多主题活动（如科技节、环境日等）结合的方式开展；以综合实践活动或研学旅行的方式结合。“跨学科式”则表现为将自然教育相关内容和要求整合为独立的学习方案进行教学，如校本课程和选修课程。以上两种模式在实际教学中各有优缺点：“渗透式”不增加教师的额外教学任务，但教学内容零散且易重复，教学效果受限于教师自身的环境素养且不易实现环境教育成效；“跨学科式”虽在教学内容上更为完整和系统，但对教师的跨学科融合能力提出较高要求，通常需要自然教育专业人员指导与专门课程的支持，教学执行难度较大。目前我国正规教育较常采用“渗透式”，在“双减”政策的影响下，也有部分中小学校通过直接引入自然教育机构的教学服务实现“跨学科式”教学。总体而言，我国正规教育中小学校自然教育仍存在缺乏专门的法律法规和规章制度支撑、缺乏专业人才与教育资源、缺少理论研究与指导等挑战，需要专业研究机构、社会组织和自然保护地管理部门等从非正规教育角度作为补充。

（三）非正规教育领域开展的自然教育活动

非正规教育领域的自然教育活动，大多以各类自然保护地和传统科普场馆为教学场域（如湿地自然保护区、垃圾分类中心、低碳生活馆等）。活动多由自然教育机构、社会组织，甚至由自然保护地主管部门等牵头。其教学活动内容与形式较为灵活丰富，出现了诸如与学科教育结合的研学旅行和学校课程；与博物教育结合的自然观察活动；与保护教育结合的公民科学活动和环境保护行动；与环境教育、可持续发展教育结合的环境议题学习和绿色生活体验活动；与劳动教育结合的农事体验活动；与探险教育结合的户外探险活动；重视自然生态环境的休闲、游憩体验的自然导览和生态旅游等。

各类自然保护地面向中小学生开展学校自然教育活动的主要形式是自然导览和研学旅行。自然导览，也称为自然解说或环境解说，是一种以实物和亲身经历，借助说明性媒介而不是简单的事实信息交流，来向访客解释自然景观与文化遗产的内涵及它们与人类关系的教育活动。研学旅行，是由学校有计划地组织安排，通过集体旅行、集中食宿等方式开展的研究学习和旅行体验相结合的校外教育活动。自然导览和研学旅行在活动对象、活动目标、合作方和实施方式等方面存在明显差异。

总体而言，研学旅行更适用于学校教育的育人需求，自然导览更关注与周边社区居民共享生态福祉，两者均不以自然保护地的保护使命为教育目标。

面向中小学生的自然教育活动的形式多种多样，但对于湿地自然保护地而言，如何面向中小学生提供真正且具有教育成效的学校自然教育活动，仍是一个亟须解答的问题。

表1　自然导览和研学旅行的差异

比较维度	自然导览	研学旅行
活动对象	主要服务于周边社区的中小学生	主要服务于非周边社区、全国范围的中小学生
活动目标	增强中小学生对自然保护地的自然和人文环境的感知与理解	提升中小学生发展核心素养
合作方参与方式	学校计划，自然教育机构或自然保护地实施，教师与中小学生参与	教育部门决策，学校计划，旅游企业执行，学生家长和中小学生参与
实施方式	以本地自然环境中的解说、讲授为主；多为半天活动	以国内代表性的自然景观和人文遗产的真实情境中的学习体验和旅行实践为主； 活动时间多为一周左右
功能	侧重休闲游憩功能	兼顾教育与休闲游憩的双重功能

三、基于深圳湾湿地的学校自然教育探索

自2017年至今，红树林基金会基于深圳湾湿地自然保护地已有的自然教育工作基础，探索如何面向中小学生开展行之有效的学校自然教育活动。经过校长考察、教师培训、课程与教材研发、湿地学校课程和进校园活动的多种工作经验，最终形成“湿地自然保护地+环保公益机构+学校”的学校自然教育模式。

（一）北美Project WET水资源教育课程与本地化课程研发

2017年，红树林基金会正式引进北美经典Project WET水资源教育课程，

尝试探索如何通过体系化的环境教育课程、通过学校教师培训触达班级学生，提升中小学生对深圳湾湿地及其所面临的环境问题的认知与理解。我们发现，Project WET课程擅长通过模拟情境中的体验式、探究式学习活动将抽象的环境问题具体化，并帮助学生理解其背后隐藏的社会问题，并探讨如何从人与人的层面来解决该问题。然而，Project WET课程缺少在真实自然环境进行体验的内容，很难帮助学生与所要保护的自然环境建立情感联结，乃至培养个人参与湿地保护的社会责任感。

2018年，基金会与深圳湾湿地周边的福田区教研员、中小学一线教师、保护区宣教人员以及人民教育出版社学科专家合作进行本地化研发，将经典的环境教育活动与深圳水环境的实际情况相结合，同时以深圳湾湿地的真实自然环境为教学场域，增加体验式、沉浸式的户外自然教育活动。通过“校内+户外”的混合式学校自然教育活动帮助中小学生积累第一手经验，欣赏并喜爱深圳湾湿地、培养行动意愿保护深圳湾湿地。这套本地化课程是基金会与人民教育出版社环境教育中心合作研发的，并在人民教育出版社专家刘健老师的推动下，在福田教育科学研究院的支持下，整理为《神奇湿地：环境教育教师手册》，在人民教育出版社正式出版。这套教材不仅体现了湿地教育的特点，而且与国家课程标准以及《中小学环境教育实施指南（试行）》相关联，促进自然教育与学校教育的进一步结合。

（二）学校教师培训

在2017年引进Project WET水资源教育课程的同时，基金会也沿用学校教师培训的方式推广该课程。随着课程本地化研发的完成，培训主题也由水资源演变为湿地教育。学校教师培训让学生和教师都获得了真实湿地环境中的、系统的自然教育体验，通过优先影响部分学校教师来触达更广大的中小学生群体。

培训之初，我们期待通过参与式培训，使学校教师获得基本的湿地生态系统和湿地保护的知识与课程体验，培训后由教师基于亲身体验面向班级学生进行课堂教学实践，继而带领班级学生走进深圳湾湿地参与户外自然教育活动。然而，根据培训后的反馈情况，仅有不到一半的教师会进行校内课堂教学实践，能够进行户外教学实践的教师更是寥寥无几。其背后反映出学校安全责任大、教师教学压力大且缺乏户外教学经验、学生学习压力大等现实问题，而体系化课程和赋能培训仅能帮助教师解决部分问题，后续仍需要持续的课程研发与实践等支持。

（三）深圳中学Project WET水资源课程

2017—2018年，基金会与深圳中学的教师钟茜合作研发了一学期14个课时的 Project WET水资源素能选修课程，带领28名初一学生探索深圳水环境与深圳湾湿地，并与外部评估专家合作完成了课程跟踪评估。该选修课程将校内教学和户外教学有机结合，将课程内容本土化并与学校教学内容紧密融合。评估发现参与学生在基础概念、情感提升、地方感认同，以及参与保护意识提升等方面发生了重要改变，可为学校教师使用《神奇湿地：环境教育教师手册》进行“跨学科式”校本课程设计与评估提供案例参考。但是，教师进行类似的课程教学实践通常需要投入较大精力并需要足够的外部支持，难度相对较大。湿地自然保护地和环保机构能够协助提供户外教学场地、本地化研发和户外自然教育活动参与机会，同时也需要学校领导和学生家长的理解与支持。

（四）“湿地种子漂流记”进学校活动

2019年，基金会组织志愿讲师为周边中小学校开展“湿地种子漂流记”进校园活动。这些教育活动多利用四点半课堂、班会、年级活动等，时间短、内容简单，能够满足学校对自然教育活动的需求，还能宣传基金会在深圳湾湿地的户外自然教育活动。但其教育成效较差，一般只能以简单的科普介绍为主。如果学校组织户外学习活动较困难，这种灵活的形式还是有优势的。尤其是受新冠肺炎疫情的影响，学校组织学生外出的难度进一步加大，进校园活动或成为学校自然教育活动的重要形式之一。当然，我们不能止步于此，应尽量采用“校内+户外”混合式学校自然教育活动，以弥补学生在真实环境中获得的第一手学习体验（表2）。

表2　不同教育方式的优势及短板

教育方式	优势	短板
研发并出版教材	系统化设计方案； 可以呈现完整的课程思路； 体现专业化要求； 可以支持教师或学生的校内教学活动	研发时间长； 投入资金和人员成本高； 使用成效依赖学校重视程度或教师个人热情和能力； 需要后续进行教师培训支持； 使用场景受限
开展教师培训	短时间内帮助教师迅速了解活动方案； 吸引到一部分具有热情的核心教师的支持	影响时间短，需要设计后续的活动； 不能真正推动教师在校内进行教学
开设独立课程	教育成效好； 对学生影响时间较长	能够真正开设系列课程的学校很少； 延续时间长，教师投入时间多； 任课教师需要更多的专业培训和支持
进学校上课	课时时间短，多为单次活动，可以灵活安排	教育成效较差； 内容不成体系，只能以简单宣贯为主

（五）有效的湿地教育学校课程

通过上述几种学校自然教育方式的探索，我们可以看出4种方式各有其优势及短板。

相信以上分析对于做自然教育的伙伴来说不会陌生。我们也学习了其他出色的湿地教育机构的经验。如中国香港特别行政区的米埔自然保护区、中国台湾地区的台北关渡自然公园、韩国顺天湾湿地、新加坡双溪布洛湿地保护区等，这些湿地都有各自优秀的学校教育课程。

我们想要做的学校自然教育活动应该具备以下特点。

（1）活动应以湿地保护为明确目标，回应湿地自然保护地的愿景和使命。

（2）活动应具有体验式、沉浸式学习的特征，为中小学生提供真实湿地环境的第一手学习体验。

（3）活动应与国家课程标准紧密衔接，将教学目标与课程标准相关联、教学活动设计与学校教学内容相配合。

（4）活动应体现为系统的、结构化的学校课程，以长期、持续的活动提升中小学生的湿地保护意识、个人参与湿地保护的责任感和行动力。

基于以上经验，基金会的教育研发人员开始踏上了“湿地科普少年行”课程的研发之路，也因此有了本书。

编写说明

一、深圳湾湿地“湿地科普少年行”课程实践

“湿地科普少年行”课程是基金会与广东内伶仃福田国家级自然保护区管理局、深圳市福田区教育局及福田区科学技术协会合作，在2019—2021年面向福田区一～九年级中小学生开展的学校自然教育课程。中小学生以班级为单位、在常规教学时间进入深圳湾湿地的福田红树林国家级自然保护区与福田红树林生态公园，进行一系列的湿地探索、体验与学习。两年间为超过100个班级、约5 000名中小学生授课，并成为深圳市自然教育与学校教育结合的特色课程，以及湿地自然保护地开展学校自然教育的优秀案例。该课程是当时广东省唯一能够让学校在上课时间、以班级方式组织，进行系统的湿地户外教学的课程。

“湿地科普少年行”课程并不仅是将几个凸显深圳湾湿地特色的主题课程方案进行简单组合，而是针对不同年龄段的中小学生设计不同主题的课程方案，最终实现深圳湾湿地保护这一课程总目标。教育研发人员需要综合深圳湾湿地的场地资源、特色教育资源、中小学生访客学习特征及学校教育相关要求等背景信

息，并遵循统一的学校课程方案研发流程，以真实湿地环境的体验式、沉浸式学习活动的形式，向深圳湾湿地周边的中小学生讲述湿地故事、传递湿地保护理念。

根据基金会在深圳湾湿地开展“湿地科普少年行”课程的实践与反思，一个以湿地保护为目标的学校课程的诞生，总体需要经过教育规划、方案研发和课程实施3个主要工作流程，如图1所示。

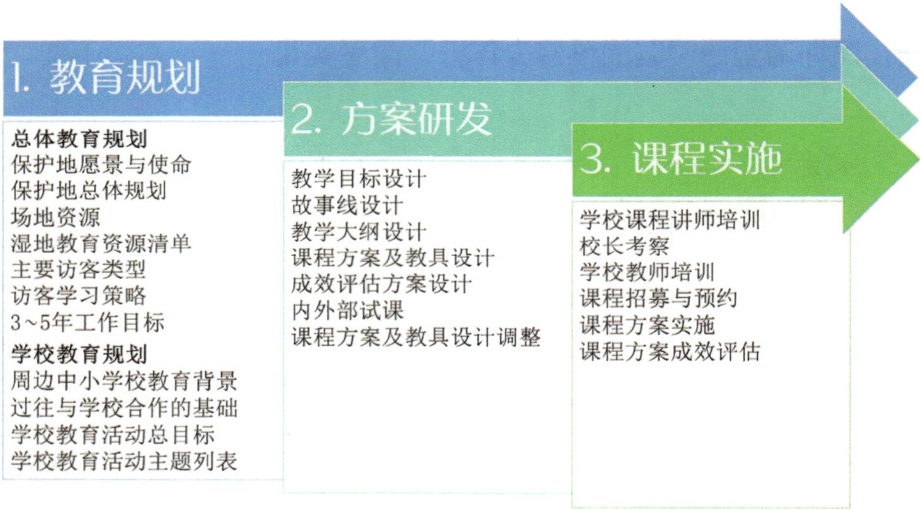

图1　为湿地类型自然保护地进行学校课程规划、研发与实施的过程

（一）教育规划

教育规划包括湿地自然保护地的总体教育规划和学校教育规划，这部分的工作产出通常会反映湿地自然保护地的总体规划与学校教育相关学科的课程标准和教学要求，以支持后续方案研发中自然教育与学校教育的结合。

（二）方案研发

方案研发即学校课程方案研发，其工作流程不能简单地理解为多个活动组合之后形成的教学流程，而应该是多个重要组成要素层层搭建与测试之后形成的一个完整的课程方案。学校课程方案研发流程包括“教学目标设计→故事线设计→教学大纲设计→课程方案及教具设计→成效评估方案设计→内外部试课→课程方案及教具设计调整”，以整体性思维贯穿始终，将推动核心教学目标发展为一个最终能实现教学目标的课程方案。本书的5个学校课程方案便是由基金会的教育研发人员遵循以上研发流程完成课程设计的。

（三）课程实施

课程实施一般只包括课程方案的实施工作，但考虑到课程招募与预约情况不稳定，在正式面向中小学生开放课程预约之前，建议先通过学校课程讲师培训、校长考察和学校教师培训等活动扩大宣传。与教育部门合作发布活动招募公文，再组织学校教师培训和校长考察，通常更能吸引教师的关注与参与，同时也为教师申请班级外出提供便利。

课程方案成效评估也是实施工作的重要环节，但从目前对国内自然教育行业的观察和对成效评估开展的现状来看，相当比例的从业机构或人员仍停留在靠“数人头”来了解活动产出的阶段，只有少量机构或人员通过学习成效评估来了解活动成效。

2020—2021年，基金会邀请外部专家一同对“湿地科普少年行”课程的“走进海上森林”和“鸟儿小管家”两个课程方案进行学习成效评估，以持续提升课程方案。采用前后测绘画与后测访谈的质性评价方式，收集了学生认为自己在活动中所得到的收获，结果显示两个课程方案均已达成课程目标（图2）。两个课程方案不仅帮助学生构建了红树林湿地生态系统的概念认知、提升了环境探索技能、培养了对环境的积极态度以及参与环境保护与探究的行动意愿，也促进了学生在社会互动和自我发展方面的成长变化。

湿地自然保护地在开展教育规划、方案研发与课程实施工作时，应邀请学校教育部门人员参与、进行深入交流与探讨。无论是教研员、学校领导、学科带头人还是一线教师，都能从学校教育角度对教学场地选取、教学内容设计、学生背景了解等工作提供专业支持。

二、学校课程实施的基本要求

湿地自然保护地的教育工作需要始终考虑场地、人员、方案设计及可持续发展4个关键要素，以“湿地科普少年行”课程的实施为例，以下是学校课程实施的基本要求。

（一）场地要求

（1）活动空间。以班级为单位的学校课程实施对场地的安全性提出更高要求，教学路线途经的步道、亲水平台、观景台、饮水设施及洗手间、方向导视系统、室内和户外教室、科普展馆、解说牌、户外固定望远镜等场地设施，都应该将45～55人同时使用的需求纳入考虑。

（2）解说设施。科普展馆和解说牌等解说设施通常能辅助学校课程实

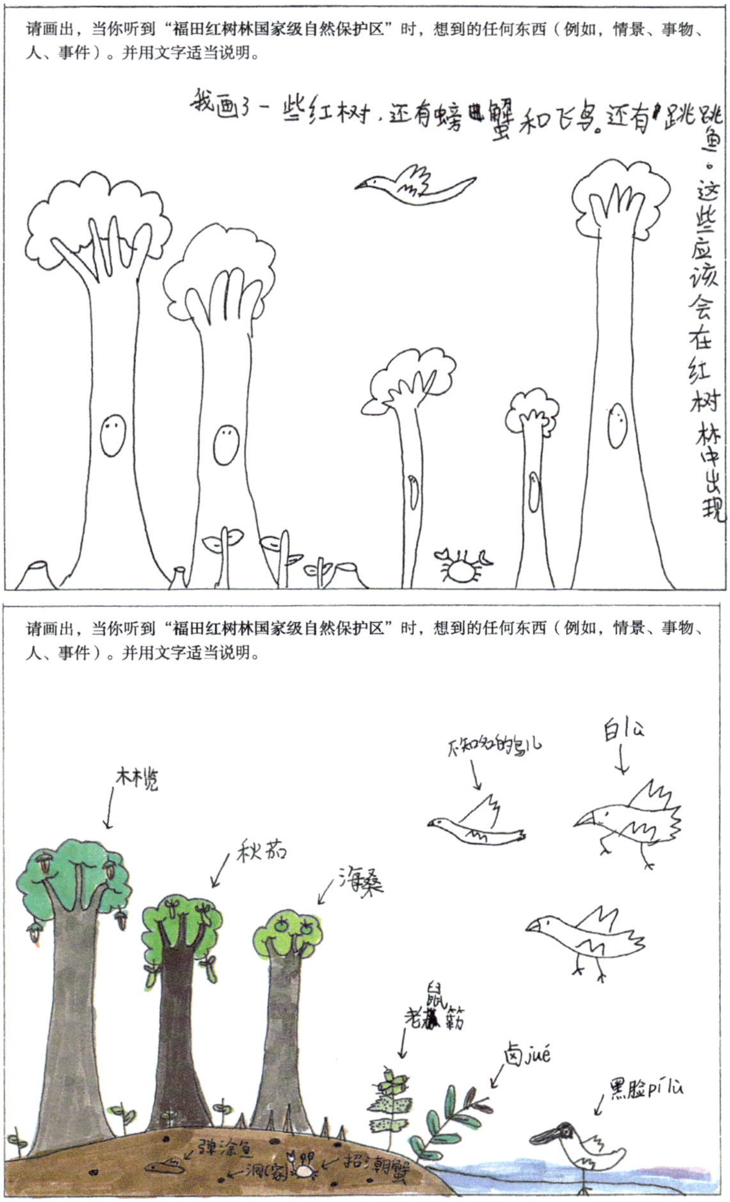

图2　同一个学生参与“走进海上森林”前后的绘画对比

施。在解说设施规划阶段和学校课程方案研发阶段，均应考虑如何利用解说设施与户外真实湿地环境形成教学资源互补，同时也要避免教育信息冗余对课程实施造成干扰。

（3）活动干扰。对于人流量较高的市政公园，在学校教育规划之初就应考虑教学路线和课程时间如何避开人流的干扰。如选择游人较少的工作时间、避开周末人潮高峰。

（二）人员要求

（1）专业教学人员。学校课程实施的教学人员必须为经过培训和实操训练的讲师，或经过严格培训和考核的兼职讲师，以保证课程实施质量的稳定。

（2）班级助手。课程实施应提前与至少4位跟队老师和家长确认班级助手的职责，将师生比例维持在1：10，以保证课程实施的安全。

（3）安全人员。湿地自然保护地通常有定点值班和巡逻人员，也可以在活动中提供安全维护支持，以保证课程实施的安全。

（三）方案设计要求

（1）梳理教育资源。湿地自然保护地进行学校教育活动规划时，一般可参考保护区的总体规划文件梳理场地资源、编制教育资源清单，湿地生态系统的本底资料及代表性鸟类一般都是重要的教育资源。

（2）分组教学。以班级为单位的活动方案，尤其要考虑户外教学的组织设计，而不是照搬“我说你听”的方式。建议通过提前分组、助手进组指导、小组活动等方式，尽量保证每一位学生获得充分的学习体验。

（3）前置流程。包括将课程预约等流程细化，并通过安全预案、家长告知书、教师指引等文件进一步规范流程，确保课程实施的安全。

（4）注重评估。结合实际情况，以不同评价或评估工具对教育活动执行、效果等进行持续的反馈，以持续优化、提升课程方案。

（5）替代方案。所有的户外活动都应准备一套恶劣天气时的室内替代课程方案。

（四）持续发展

学校课程项目也需要考虑场地、人员和方案的可持续发展，尤其是湿地自然保护地需要提前做好规划、定期做好监测、持续推进优化、构建多元资金来源。湿地自然保护地所在地区的教育部门、科学技术协会通常会有相关资金用于科普教育，与之达成长久合作既可以稳固项目资金来源，又可以维持长久联系，直至自然教育真正成为学校教育的延伸。

三、本书使用说明

本书将“湿地科普少年行”课程的5个课程方案集结成册，成为面向学校教师、湿地自然保护地工作人员的教学指导手册，尤其适合作为湿地类型地区开展学校课程活动的参考借鉴。

全书共分为三部分。第一部分包括序、前言和编写说明，阐述本书的教学设计背景、课程研发逻辑、课程实施要求及使用方式。希望从教学设计角度为自然教育教学研发人员和学校教师提供指导，让更多的中小学生有机会在身边的自然环境中探索、体验和学习。

第二部分汇集了5个具体的教学活动方案，其中包括以福田红树林国家级自然保护区为教学场域的3个主题教学活动——“走进海上森林”“鸟儿小管家”和“生机勃勃的潮间带”，以福田红树林生态公园为教学场域的两个主题活动——“寻找红树之旅”和“湿地生命力”。希望能从教学内容设计和教学组织设计两方面提供具体的、有实操性的借鉴和启发，促使更多适合不同场域、不同年龄段、不同主题的教学活动方案的产出。

第三部分为附录和后记，提供了本书5个教学活动与学校课程跨学科领域的对应联系，以及课程方案研发与评估工具等。

全书共5个课程方案，每个课程方案包括以下几个部分。

活动背景

简述本活动的意义、活动对象的认知背景以及活动目的。

活动简介

简要介绍本活动的主要内容与教学方式。

活动对象

本活动所适合的年级水平及人数，年级包括一～九年级。

学科领域

本活动所适用的学科及对应的领域。

教学时间

完成本活动的教学流程所需时间及推荐季节。

教学场地

适宜的教学场地，包括“室内”和“户外”。“室内”主要指校外湿地教育中心的活动教室、室内场馆等；“户外”指湿地教育中心户外教学。

教学人员

本活动所适宜的教学人员人数、类型及要求。

教学目标

按照环境教育的5个主要学习目标，列出对应年龄段学生在学习本活动后，应具备的意识、知识、态度、技能、行动等相关维度的学习目标。较为复杂的活动可能会包括总目标、一级分目标和二级分目标。

1977年发布的《第比利斯宣言》提出了环境教育的5个方面的学习目标，环境教育学者吴蒙博士整理和总结了国外相关文献，进一步厘清了这5个目标的概念：

“意识”使学生获得对环境、环境问题、环境保护、环境探索的意识与敏感度。

“知识”使学生获得对环境、环境问题、环境保护、环境探索的基本了解。

“态度”使学生获得关心环境和环境问题的价值观与情感，以及主动保护环境和进行环境探索的积极性。

“技能”使学生获得识别和解决环境问题以及进行环境探索的技能。

“行动”使学生养成有利于保护环境的行为，或增加学生与环境的积极正向互动。

教学框架

本活动所涉及的实施环节的内容简介，包括不同环节的教学时间和地点、教学重点及其对应的活动目标或作用。实施环节指的是 “课前沟通与准备” “开场介绍” “热身及引入” “实地考察” “分享及总结”5个部分。

“课前沟通与准备”是活动前需要学校教师或家长配合完成的教学准备内容，包括收集前测问卷数据、帮助学生做好行前准备。

“开场介绍”主要为活动前的教学场地、行为要求、活动安排等背景信息介绍，同时完成人员清点、学生物资发放、防暑防蚊措施等教学组织准备事项。

“热身及引入”主要为户外学习的基础知识和技能等教学，让学生为实地考察环节做好准备。

“实地考察”是学生在教学人员的引导下进行学习与实践的环节，重点回应活动目标。

“分享及总结”主要为学生进行同伴分享并回顾总结活动重点内容的环节，通常与学生的日常生活建立联系。

“评价”是指教学人员在活动后进行复盘、教学评估等工作，帮助教学人员积累教学经验、了解教学成效。

教学人员和器材

本活动涉及的教学人员、教具、学具清单。

教学流程

本活动不同实施环节的教学要点、参考话术和教学组织建议。

教学资源

列出本活动教学所需的教学图卡、图鉴、手册等设计图。

附录

活动对应跨学科领域一览表，以及课程方案研发与评估工具和参考文献。

CONTENTS

目 录

走进
海上森林

教学场域 1

福田红树林国家级自然保护区

广东内伶仃岛—福田国家级自然保护区位于广东省南部、珠江口东侧，由内伶仃岛和福田红树林两个区域组成，总面积约为921.64公顷。其中的福田红树林区域，即福田红树林国家级自然保护区（以下简称保护区）位于深圳湾东北部，东起福田红树林生态公园，西至深圳湾公园，南至深圳湾滩涂外海域和深圳河口，北至滨海大道和广深高速公路，沿海岸线长约6千米，平均宽700米。保护区始建于1984年，1988年晋升为国家级自然保护区，1993年加入“人与生物圈”保护区网络，2013年被评为“国家级示范自然保护区”，2020年保护区被列入国家重要湿地名录。2023年，保护区在2月2日世界湿地日中国主场宣传活动上被公布列入《湿地公约》的“国际重要湿地”。

深圳湾湿地保留了一片位于城市腹地的天然红树林湿地，是东亚—澳大利西亚候鸟迁飞区众多迁徙水鸟不可或缺的停歇地和越冬地，对于地区生态和环境保护具有重要意义，也是重要的教育资源。保护区的重点保护对象为红树林湿地生态系统及依赖其生存的珍稀濒危鸟类。保护区的沿海泥质滩涂、红树林、基围鱼塘等共同构成红树林湿地生态系统，为19种红树植物提供适宜的栖息地，为海洋生物提供了育幼、避敌和栖息场所，吸引了大量鸟类和鱼虾蟹贝等生物来此觅食、栖息。2020年，保护区记录的国际受胁水鸟种类达13种（如黑脸琵鹭、黑尾塍鹬等）；数量超过全球种群数量1%的水鸟种类达5种，包括黑脸琵鹭、普通鸬鹚、反嘴鹬、弯嘴滨鹬和凤头潜鸭。

保护区曾经是深圳市沙嘴村、上沙村、下沙村等村落居民的生活场域，2006年基本完成土地和鱼塘的移交工作之后，仍保留了水井、基围鱼塘等历史遗迹，并将部分废弃基围鱼塘改造为适宜迁徙水鸟停歇的鸟类栖息地。

在20世纪90年代，保护区曾因深圳城市发展而面临危机。如深圳湾填海、滨海大道的修建等使保护区面积减少；外来红树入侵威胁本土红树生长；城市建筑影响候鸟迁徙等。

现在的保护区地处深圳市中心区，外部交通可达性好，内部交通和科普宣教等基本设施基本完备，为公众科普教育活动提供了重要的场地支持。科普道路长达4.2千米，主要由石质道路、木栈道、浮桥等连通红树林、基围鱼塘、沿海滩涂和人工湿地等科普场域。区内设有红树林书吧、观鸟亭、观鸟屋、科普小平台、户外固定观景望远镜、科普解说牌、科普展板、宣传栏、生态洗手间、红树林苗圃体验基地、避雨长廊、隔音墙等基本设施。

第一课 走进海上森林

一、活动背景

红树林湿地是以生长在热带和亚热带、周期性受水淹的海岸潮间带的红树植物为主体的湿地群落。红树林处于海陆交接和咸淡水交汇的特殊位置，是沿岸地带重要的初级生产者，也汇集了丰富的泥沙和营养物质，为鸟类和海洋生物等提供了重要的栖息地和哺育场所。同时，红树林湿地在固岸护堤、抵御台风、捕获和储存蓝碳等方面也发挥了重要的生态系统服务价值，被称为“海上森林”，是沿海内陆的天然屏障。然而，与热带红树林相比，我国红树林分布面积较小且物种构成相对简单，生态系统稳定性较差，极易受到人为干扰或者因环境因素的影响而发生退化。同时，我国红树林分布的沿海地区又是经济最发达的区域之一，如何促进生态与社会经济的协调发展是亟待解决的问题。

红树林湿地是深圳的代表性湿地生态系统之一，红树也是深圳市的第二市树。自20世纪80年代以来，随着社会经济的发展，深圳市的红树林面积减少至原来的1/4，目前红树林的主要分布区域在宝安区、南山区、福田区和大鹏新区的海岸、港湾、河口湾等海岸潮间带。其中，位于福田区的福田红树林保护区

（图1）是我国面积最小的国家级自然保护区，面积仅有367.64公顷。保护区内的红树林面积约有80公顷，天然林面积损失的主要原因为深圳湾区域的围海造陆、滩涂养殖、城市污水排入和城市化建设等多种人为活动干扰，人工林面积增加则得益于1984年保护区成立后的育苗造林、引入外来先锋红树物种、复种本土红树物种等修复措施。保护区现有红树植物19种，本土红树植物共7种，包括秋茄、白骨壤、桐花树、老鼠簕、银叶树、海漆和木榄。2020年，福田红树林国家级自然保护区被列入国家重要湿地名录，已较少面临红树林面积减少的危机，但其生态系统仍因污染、外来物种入侵和病虫害等的影响而处于不稳定的状态，红树林湿地的完整与健康仍需要政府、环保机构和公众的共同守护。

图1　位于城市腹地的福田红树林国家级自然保护区

深圳市民对“红树林”这个词并不陌生，节假日常会扶老携幼找寻一处红树林景区游玩，各类自然教育活动也常在保护区、公园等红树林湿地开展，但这并不代表深圳市的中小学生都已经认识和了解身边的红树林。2020年，我们对“走进海上森林”活动进行学习成效评估，发现一～三年级的参与学生与过往对红树林的了解程度存在很大差异。有的学生到过红树林湿地却不知道哪些是红树植物，有的学生在纪录片里看到过红树林中的有趣生物但没有实地观察过；大部分学生对福田红树林国家级自然保护区的认知更是少之又少。如何让学生在真实的自然环境中认识红树林、意识到红树林湿地保护的重要性，这也是本活动尝试解决的问题。

本活动通过为学生创造近距离观察和了解红树植物的机会，提高学生对红树林植物群落的基本认知，建立学生与保护区红树林之间的情感联结，进而产生保护红树林湿地的使命感。

二、活动简介

福田红树林国家级自然保护区是我国面积最小的国家级红树林保护区，也是福田区最后一片原生红树林。为了能在高盐、高温、潮水浸淹、缺氧等颇具挑战的潮间带环境中生存下来，红树植物在千百万年的进化中已经演化出了一系列适应性的形态和特征。例如，泌盐、发达的根系和胎生胚轴，最后才成了沿海泥滩上独特的海上森林群落。

红树宝宝（图2）向学生发出邀请，请学生们帮助它探望保护区里的红树林家族及家园，守护福田区最后一片原生红树林。学生在主讲和助教的帮助下，了解红树林湿地为红树植物提供的生存条件和挑战，以及红树植物适应潮间带环境的形态和特征，为实地考察做好必要的准备。学生通过红树宝宝准备的探索任务单，在保护区内找出红树植物所处的潮间带区域，并沿途近距离观察、打卡记录主要红树植物的环境适应形态及特征，发现不同时期的红树宝宝，最后会通过红树宝宝召集的红树林挑战赛再次回顾本场活动的核心知识点，理解红树植物与湿地环境之间的关系，认识到保护区是重要的红树家园，以及保护红树林湿地的重要性。

图2　红树宝宝

三、活动对象： 一～三年级学生，45～55人。

四、学科领域： 小学科学生命科学领域，详见附录“课程一览表”。

五、教学时间： 3小时。

六、教学场地： 保护区管理局及实验区。

七、教学人员： 2名教学人员（主讲及助教各1名），4名助手（跟队老师或家长）。

八、教学目标

注：1.“*”表示的是重要程度，“*”越多表示该板块目标越重要。
2.意识为较浅层的目标，可以不用明确设置，仅在无法达成知识、态度、技能、行动等深层目标时作为替代目标。

表1 教学目标

环境教育目标	一~三年级总目标	一~三年级分目标
年段总目标	学生通过在红树林湿地的实地观察，认识常见的红树植物及其适应湿地环境的特性，了解红树植物与其他动植物的相互关系，认识到保护区是红树林的重要家园	
意识	略	略
知识	** 1 知道红树林湿地为红树植物的生长提供了生存条件，也带来了挑战； 2 通过实地观察，认识2～3种常见红树植物及其适应环境的特性； 3 理解保护红树林湿地的重要性	** 1-1 了解湿地环境为红树植物的生长提供了空气、水、营养物质和适合温度的环境； 1-2 了解湿地环境的潮水冲刷、高盐、土壤松软等特征给红树植物带来的挑战； 2-1 通过形态特征辨识2～3种常见红树植物； 2-2 结合环境挑战，理解红树植物适应环境的特性； 3-1 理解保护红树林湿地对红树植物及其他动植物的重要性
态度	**** 4 运用五感观察，对湿地环境及红树植物产生好奇心和兴趣； 5 通过实地观察，认识到保护区是红树植物及其他湿地动植物的重要家园	**** 4-1 亲近自然，欣赏红树植物与湿地之美； 5-1 通过实地观察，认识到保护区是红树植物及其他湿地动植物的重要家园
技能	*** 6 能在观察过程中爱护和尊重湿地的动植物，了解参与保护红树林湿地的方法	**** 6-1 遵守户外动植物观察要求； 6-2 了解红树林湿地面临的污染问题以及日常生活中可以做到的环保行动
行动	*** 7 有意愿关注、了解、保护红树植物及红树林湿地	**** 7-1 有意愿向家人、朋友宣传保护红树植物及红树林湿地； 7-2 有意愿在日常生活中继续观察、学习、调查红树植物和红树林湿地

九、教学框架

表2　教学框架

教学环节	时间及地点	教学内容	对应的教学目标/作用
课前沟通和准备	活动前一周（班级教室）	收集前测问卷； 阅读邀请信，告知参观任务及行前准备	执行教学评估，提升活动期待； 6-1　遵守户外动植物观察要求
开场介绍	14：00—14：35（管理局—隧道）	欢迎师生，介绍主讲和助教，点名； 做好4个准备，现场确认助手职责； 介绍保护区、活动路线和行为要求	清点到场人员，确认人人均有保险； 做好活动前准备； 增加对场地的认识； 了解活动全程安排和行为要求
热身及引入	14：35—15：15（小广场）	介绍寻找红树植物的六大线索； 介绍协助寻找的工具，准备实地考察	1-1　了解湿地环境为红树植物的生长提供了空气、水、营养物质和适合温度的环境； 1-2　了解湿地环境的潮水冲刷、高盐、土壤松软等特征给红树植物带来的挑战； 2-1　通过形态特征辨识2～3种常见红树植物； 2-2　结合环境挑战，理解红树植物适应环境的特性
实地考察	15：15—16：15（小广场—海芋小道—木栈道—浮桥）	探寻红树植物，完成探索任务	1-1　了解湿地环境为红树植物的生长提供了空气、水、营养物质和适合温度的环境； 1-2　了解湿地环境的潮水冲刷、高盐、土壤松软等特征给红树植物带来的挑战； 2-1　通过形态特征辨识2～3种常见红树植物； 2-2　结合环境挑战，理解红树植物适应环境的特性； 4-1　亲近自然，欣赏红树植物与湿地之美； 5-1　通过实地观察，认识到保护区是红树植物及其他湿地动植物的重要家园； 6-1　遵守户外动植物观察要求
分享及总结	16：15—17：00（小广场）	开展红树林挑战赛，回顾六大线索，倡导红树林湿地保护行为； 合影，返回保护区管理局	3-1　理解保护红树林湿地对红树植物及其他动植物的重要性
评价	活动后一周内（科普教室）	主讲和助教进行活动复盘； 收集后测问卷	积累教学经验； 执行教学评估

十、教学人员和器材

表3 教学人员和器材

人员 器材类别	主讲	助教	（班级）助手	学生
教学用具	**开场介绍：** 1个主讲教具袋 1份班级分组名单 1张A3我们的约定图卡 1瓶驱蚊水 **热身及引入：** 1幅红树挂图 1份探索任务单 2瓶泥土 1根胚轴 1个银叶树果实 **实地观察：** 8张红树植物树牌 1支激光笔 **分享与总结：** 1幅红树挂图 1个布袋 8张问题卡片 8张汉字卡片 **评价：** 1份电子版活动复盘表	**开场介绍：** 1个助教教具袋 1份活动现场确认表 1份保险名单 1瓶驱蚊水 **热身及引入：** 8个锦囊 8×2瓶泥土 8张树皮变红图片 8张红树根部图片 8张红树叶片泌盐图片 8根胚轴 8个银叶树果实 8个水盒（内装2/3自来水） **实地观察：** 同主讲 **分享与总结：** 1张活动横幅	**课前沟通与准备：** 1份课程教学指引 1份邀请信 1份课堂教学PPT 1份前后测问卷 （电子版文件，可通过邮件发送） 1个布包 1个银叶树的果实 1根木榄/秋茄的胚轴或模型 （标本或模型，须邮寄到班级）	**开场介绍：** 45～55个布包 45～55个坐垫 45～55个放大镜 45～55个探索任务单 （学生可带走探索任务单，其他需回收）
着装 （要点：防晒、防蚊、浅色、舒适）	1个工作证（背贴微网页二维码） 1件户外工作服/志愿者马甲 1顶遮阳帽 1双户外/运动鞋	同主讲	1套浅色衣裤 1顶遮阳帽 1双运动鞋	1套长袖校服 1顶遮阳帽 1双运动鞋
个人随身物品	1支防晒霜（可选） 1瓶止痒膏（可选） 1把雨伞 1个水壶/水杯（非一次性塑料用品）	同主讲	同主讲	同主讲
其他	1个随身急救包及清单（弹性绷带、酒精降温贴、酒精棉片、肘形创可贴、蛇药、蜂药、普通宽胶带、牙膏、电解质饮料）	1个急救药箱（含清单及安全预案流程图） 1个随身急救包及清单（同主讲） 1桶饮用水及水嘴 1个大号教具袋 1份教具清单	无	无

十一、教学流程

（一）课前沟通与准备

完成活动预约申请后，班级老师将在户外活动前一周收到教学活动包的快递，并根据收到的教师指引和教学器材完成课堂教学（部分教学器材图片见图21）。

1. 收集前测问卷（25分钟）

开展课堂教学前一天，请让老师或家长协助班级学生完成前测问卷（图3）。

图3　班级老师组织学生做前测问卷

2. 阅读邀请信，告知参观任务及行前准备（15分钟）

（1）班级老师为学生阅读红树宝宝的来信，说明即将要参观的地方是红树宝宝的家园——福田红树林国家级自然保护区，参观任务是探索红树宝宝的家、认识和了解红树林家族，以及着装等行前准备。

（2）班级老师继续展示教学活动包中的标本、模型和图片，说明这些是红树宝宝提供的任务线索，包括邀请信中提到的红树林家族、红树林家园、红树宝宝和红树宝宝的邻居。未来一周这些任务线索将会放在教室的一角，学生可以自己去观察、熟悉它们。班级老师同时给学生提出观察建议。例如，轻轻地捏一捏褐色的果实，用手掌比一比胚轴的大小。请学生们在接下来的一周里好好爱护它们，下周完好地归还。

（3）班级老师重申邀请信中的行前准备，强调活动当天要听从主讲和助教的指令才能顺利完成参观任务。

（二）开场介绍

户外活动前一天，工作人员与班级老师确认“教师行前检查清单”的所有事项均已完成。户外活动前2小时，主讲和助教一同完成着装确认、教学器材清点、教案备课、现场踩点，并与司机确认大巴车行程。

1. 欢迎师生，介绍主讲和助教，点名（5分钟）

（1）助教迎接并引导师生到保护区廊道，请学生按照分组成四列站立。助教欢迎师生到访福田红树林国家级自然保护区参加“走进海上森林”活动，并介绍两位主讲和助教，说明二人将带领大家探索保护区的红树林湿地、寻找红树林家族，完成参观任务（图4）。

（2）助教请班级老师协助点名，确认在场师生均已购买户外保险且报备身份信息。

图4　保护区管理局前的开场介绍

注：虽有学生穿着短袖，但行前依然需建议学生穿长袖服装，目的是防蚊虫。

2. 做好4个准备，现场确认助手职责（15分钟）

（1）助教说明正式活动前需要做4个准备，学生需要在10分钟内领取布包、接饮用水、去洗手间和喷驱蚊水，完成后回到原地集合。并向学生说明助手与主讲需要5分钟开现场确认会，请8位小组长协助给组员分发布包，并召集组员集合，各自完成自己的准备。

（2）主讲与4位助手快速互相认识后，明确本场活动中助手的职责，并了解班级教学组织中使用的口号。

①每位助手需要全程跟进2个小组，助手必须避开自己的孩子所在的小组。

②助手在活动全程协助主讲和助教整队、维持纪律、在队伍行走时押队，时刻注意学生的状态和安全。如有异常情况及时与主讲和助教沟通、共同

第一课 走进海上森林
第二课 鸟儿小管家
第三课 生机勃勃的潮间带
第四课 寻找红树之旅
第五课 湿地生命力

处理。

③助手在活动的各个环节协助主讲和助教发放物资。助教将物资分到各助手手上，主讲给出指令后助手再将物资分发给本组学生。

④助手在活动过程中协助适当拍照记录，每个活动环节拍摄1～2张学生积极参与活动、学生与老师互动的场景，以及合影。活动后统一发给联络的工作人员。

（3）10分钟后，主讲请助手与小组长协助清点人数、确认组员已做好4个准备。所有人集合后，主讲再次与学生确认负责各组的助手，请学生有需要时及时向身边的助手求助。如有班级集合时秩序较差，主讲可练习整队的口令。

3. 介绍保护区、活动路线和行为要求（15分钟）

（1）主讲向学生正式介绍保护区，说明福田红树林国家级自然保护区是全国唯一处于城市腹地、面积最小的国家级自然保护区，是红树林与鸟类的重要栖息地，找到红树林家族成员的机会非常大。

（2）主讲重申学生此次的参观任务是探索红树宝宝的家、认识和了解红树林家族，并向学生介绍活动路线图。大家当前所在的位置是保护区管理局，稍后经过隧道正式到达保护区。首先大家会在水井附近的小广场学习如何辨别红树林家园和家族成员，了解红树林的六大线索；然后前往木栈道，沿途寻找红树林家园和家族成员，根据探索任务单了解遇见的每一位红树林家族成员。

（3）主讲根据师生的行前准备状况，表扬按要求着装、自带水杯的师生。接着说明保护区是红树林湿地野生动植物的重要家园，大家作为客人在保护区中需要遵守相关的行为要求，希望大家共同达成以下约定：

①保持安静，走在指定的道路上，不打扰动植物；

②没有主讲和助教的允许，不随意触碰动植物和鸟粪；

③垃圾随身带走，不污染动植物家园；

④紧跟队伍，不超过也不落后，团进团出。

（4）主讲可以与学生互动澄清为什么要有这些约定。第②点可补充说明我们在户外需要与野生动植物保持安全距离，因为有的动植物会制造有毒物质来保护自己，鸟粪会传播禽流感疾病。第③点可补充说明为了保护生态环境，稍后进入保护区只能带布包、笔、水杯、坐垫和任务单，自己制造的垃圾必须随身带走。

（5）主讲在隧道口提醒学生即将进入保护区，请学生轻声缓步、保持安静，列队以便巡护员核对人数（图5）。

图5　学生正式进入保护区

（三）热身及引入

1. 介绍寻找红树植物的六大线索（30分钟）

（1）主讲告诉学生红树宝宝提供了寻找红树家族成员的六大线索，并把六大线索画在一幅红树挂图（图21）中，请大家一起来看看都有哪些线索。助教协助将红树挂图挂好，与助手配合主讲依次发放小组观察锦囊和水盒（图6）。主讲依次掀开挂图向学生展示六大线索，并引导学生观察、思考。注意，要提醒学生观察的物品都是不可食用的。

图6　小组学生用放大镜观察泌盐现象，了解六大线索

①**线索1：涨潮水里泡，退潮一脚泥。**红树林生长在海洋和陆地之间的泥滩上，海水每天涨起来又退下去，你会看到红树林有时候是泡在海水里，有时

候又是“站”在泥滩上（图7、图8）。所以它们才会被称为“海上森林”。请学生闻一闻、看一看两管不同的泥土，并判断哪一管是来自泥滩的泥土。

图7　保护区涨潮时

图8　保护区退潮时

图9 木榄树皮破损变红

②线索2：外表绿油油，破皮才变红。红树植物的外表跟其他的植物没什么区别，都是绿油油的。只有当它的树皮破了之后，才会慢慢变成红色（图9）。所以它们被叫作“红树”植物。请学生想一想，日常生活中见过哪些类似的变色现象。

③线索3：树根开外挂，“站”稳会呼吸。其实红树植物在涨潮时泡在水里很难呼吸，湿软的泥土也不容易“站”稳、还没有氧气。所以红树植物进化出超强的树根，像八爪鱼一样抓住泥土，稳稳地扎根在泥滩上，不怕风吹浪打，树根上还有一些小孔来呼吸空气（图10）。请学生想一

图10 海漆表面根

想，红树植物树根的功能与我们身体哪些部位的功能很相似？

④线索4：最爱咸淡水，叶子也“吐”盐。红树植物最喜欢生长在河流入海口的泥滩上，海水和河水混合的咸淡水能让红树植物补充足够水分，但还是太咸了。有的红树植物就从叶子表面“吐”出多余的盐水，免得被“咸死”（图11）。人类会通过什么方式排出多余的盐分呢？

图11　老鼠簕的泌盐现象

⑤线索5：果实水边掉，天生会游泳。大部分红树植物的果实天生就会游泳，遇到涨潮的时候它们就游一会儿，退潮时碰上合适的泥滩就扎根长大（图12）。请学生轮流捏一捏本组的银叶树果实，然后将果实放进水里，观察它是否能漂浮在水面上。

⑥线索6：植物也“胎生”，宝宝树上挂。有些红树植物就更厉害了，红树妈妈让果实一直挂在树上吸收营养，直到长出成熟的胚轴才掉下去

（图13、图14）。这样的胚轴遇到合适的泥滩后会很快扎根、长出叶子。请学生想一想，你们还见过哪些“胎生现象”？

图12 果实漂浮在水面上

图13 秋茄胚轴

图14　木榄胚轴

（2）主讲请学生拿出布包里的探索任务单（图21），学生依次读探索任务单第二页的六大线索，主讲收起相应线索的挂图。

（3）主讲总结红树植物的特征与生长环境之间的关系。红树林湿地为红树植物提供了适宜的生长环境，有阳光、水和空气，有泥土和营养物质，红树林家族才会在泥滩生长。但是，湿软的泥土、盐分高的咸淡水等又给红树植物带来了挑战。还好它们进化出了特别的树根、树叶、果实和胚轴，才能生存下来。

2. 介绍协助寻找的工具，准备实地考察（10分钟）

（1）主讲向学生介绍实地考察环节如何使用探索任务单。探索任务单第一页是路线图，学生在沿途观察中可以随时查看路线图，并将寻找到的红树植物的位置标注出来。探索任务单第二页是户外观察时需要完成的任务单，当学生寻找到一种红树植物，需要根据任务单上对应的特征图片一一观察、打钩，特别是要注意符合六大线索的那些特征。最后请学生填写好自己的姓名和组号，以及本次考察的时间和地点。

（2）主讲请学生准备好前往下一站，将1～4组和5～8组分为两个小队，分别由主讲和助教负责带领，提醒学生将笔、水杯、坐垫和任务单等物品放进布包。如有仍需去洗手间、接饮用水的学生，可给出3分钟时间，说明先到齐的小队可以先出发。请各小组长和助手协助组织本组学生集合、清点人数，每个小队分配两名助手，在行进途中请一名助手在队列后押队，另一名助手在队列中部押队和维持秩序。

（四）实地考察

探寻红树植物，完成探索任务（60分钟）

（1）两小队的路线都是小广场—海芋小道—木栈道—浮桥，停留位置稍有差异以错开队伍。海芋小道—木栈道段主要观察的是木榄、银叶树、秋茄、卤蕨，浮桥段主要观察海桑、无瓣海桑、桐花树、老鼠簕。两小队的停留路线如下（括号内为需观察的植物部位，图15～图19）：

①1～4组停留点依次是：木榄1（胚轴或花）、银叶树1（根）、秋茄1（胚轴或花）、银叶树2（果实和叶子）、木榄2（根、胚轴或花）、卤蕨1（孢子囊）、秋茄2（树皮、根、胚轴或花）、海桑1（果实和花）、无瓣海桑1（果实或花）、桐花树1（果实或花）、老鼠簕1（果实或花）；

②5～8组停留点依次是：银叶树2（果实和叶子）、木榄2（根、胚轴或

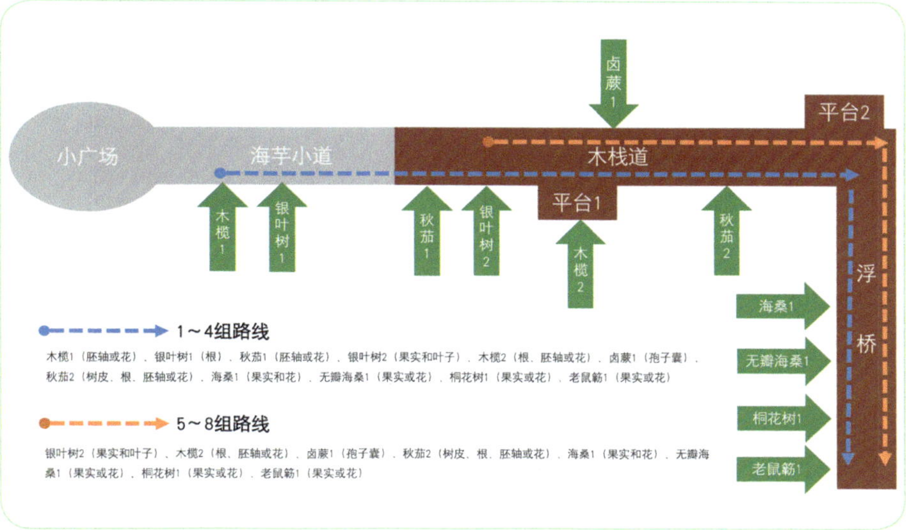

图15　实地考察分组路线

图16　小广场

图17 海芋小道

图18 木栈道

图19　浮桥

花）、卤蕨1（孢子囊）、秋茄2（树皮、根、胚轴或花）、海桑1（果实和花）、无瓣海桑1（果实或花）、桐花树1（果实或花）、老鼠簕1（果实或花）。

（2）每到达一处红树植物前，主讲、助教都会提醒学生将要遇见红树林家族成员的大致位置，同时提示学生观察它最容易辨识的一个部位的位置，便于学生带着小任务边走边观察。例如，“等会儿在我们的右手边会出现一种红树植物，我看到它已经挂着胚轴了，请注意抬头观察、对照探索任务单，看看它是谁”（图20）。

（3）每到一处红树植物的停留点，主讲、助教将标注红树植物名称的树牌挂在树枝上，并提醒学生完成相应的观察任务，可以借助激光笔指示所要观察部位的位置。请两位助手在队伍的两端提示学生不要超出观察范围。离开停留点前注意取下树牌，以备在该种红树植物再次出现时使用。

图20 学生观察红树宝宝——秋茄的胚轴

（4）主讲和助教带领观察环节时，主要任务为引导学生通过六大线索找到8位红树林家族成员，并借助触摸、放大镜近距离观察、比较等方式进一步了解红树植物的特征，加深对红树植物的生长环境及其适应环境特性的认识。注意，红树植物辨识并不是重要任务。以下是引导建议。

①海芋小道一木栈道段的右侧、浮桥的两侧为红树植物生长的潮间带泥滩，提醒学生观察并寻找有泥滩、潮水的环境，可以配合介绍当日涨退潮情况，对应线索1的描述——涨潮水里泡，退潮一脚泥。

②破损后变红的树皮常见于木榄和秋茄。靠近木栈道的秋茄在修剪后的枝条处会看到红色，靠近平台1的木榄根部偶尔会出现树皮破开变红。如果小组较早完成观察任务返回小广场，可以带领小组到小广场附近观察木榄树干上的大片红色。此处对应线索2——外表绿油油，破皮才变红。

③特殊根系观察以木榄、银叶树、海桑和无瓣海桑为主，其他红树植物的根系不太容易观察。海芋小道旁有一株板状根发达的银叶树，平台1处最容易观察木榄成片的支柱根和膝状根，低潮时在浮桥上最容易观察到海桑和无瓣海桑的指状呼吸根。此处对应线索3——树根开外挂，“站”稳会呼吸。

④泌盐现象观察以浮桥上的老鼠簕和桐花树为主，但它们离浮桥较远，可以找盐粒较多的叶片引导学生远距离观察。注意，不要引导学生尝盐粒，要以触摸为主，避免安全事故。此处对应线索4——最爱咸淡水，叶子也“吐”盐。

⑤果实海漂现象更容易在浮桥的海桑和无瓣海桑上看到，而木栈道的银叶树果实一年四季可见。此处对应线索5——果实水边掉，天生会游泳。

⑥胎生现象常见于木榄和秋茄，挂果期时在木栈道和浮桥上都容易观察到胚轴。可以引导学生观察红树植物的胎生过程，寻找树枝上的果实、不同长度的胚轴和地上的胎生苗。此处对应线索6——植物也“胎生”，宝宝树上挂。

（五）分享及总结

1. 开展红树林挑战赛，回顾六大线索，倡导红树林湿地保护行为（30分钟）

（1）主讲、助教分别带领队伍回到小广场，请学生休息5分钟，提醒学生补水、去卫生间。5分钟后，请小组围圈坐好，与学生快速分享观察环节的收获，询问学生遇见了几种红树林家族成员、遇见了几种红树宝宝、观察到几种线索。

（2）主讲向学生正式介绍红树林挑战赛。所有学生需要参与回答8道与红树林家族有关的题目，每道题目的背后都隐藏着一个汉字，只有当超过一半的学生答对题目时才会解锁对应的一个汉字。幸运的话，大家可以解锁所有的8个汉字，解密红树林家族的终极秘密。

（3）主讲说明红树林挑战赛的参与规则。每个小组需要派出一位代表到主讲的布袋里抽取一道题目，并念给所有同学。其他同学要从两个答案中选出自己认为正确的一个答案，并通过动作亮出答案。如果选择A答案，需要将双手合十、举过头顶；如果选择B答案，则需要将双手比作“OK”的手势、放在双眼前。当超过一半的学生答对题目时，助教会用双手在头顶做出“O”的动作，并请主讲解锁汉字；当少于一半的学生答对题目时，助教会用双手在胸前做出“X”的动作，请学生继续回答下一道题目。

（4）主讲补充说明挑战赛的重要提醒。第一，挑战赛期间不能翻看探索任务单，请大家将它收进布包里。第二，在保护区里要尽量保持安静，解锁汉字时建议学生用双指鼓掌的方式表示庆祝。

（5）主讲先进行一轮热身，假设抽到的问题是“保护区里有红树林吗？A.没有，B.有”，请学生做出相应动作出示答案。助教快速统计是否有超过一半的学生答对题目，并做出相应的动作和指示。主讲可根据学生本轮的答题情况，对学生不明白的规则再做补充说明。

（6）主讲宣布红树林挑战赛正式开始，依次请各小组代表抽题，并请他念出题目、其他同学亮出答案，如此进行8轮。对于没有超过一半学生答对的题目，主讲可以掀开挂图上对应线索的内容进行补充说明。同时，要求学生提出一个保护红树林家族的方法，以继续解锁对应汉字。最后学生都能得出“红树家园，你我保护”这8个与红树林家族命运相关的汉字。以下是8道题目与答案，以及对应的线索。

①红树植物一般生长在哪里？A.沙滩　B.泥滩（答案B，对应线索1）。

②红树植物的“红”是指什么？A.叶子是红色的　B.树皮破了会变红（答案B，对应线索2）。

③红树植物的根有时候会露出水面进行呼吸。A.是　B.不是（答案A，对应线索3）。

④有的红树植物叶面上的白色颗粒是什么？A.白砂糖　B.盐（答案B，对应线索4）。

⑤有的红树植物果实可以漂浮在水面上。A.是的　B.不是（答案A，对应线索5）。

⑥有的红树植物会长出胚轴。A.是的　B.不是（答案A，对应线索6）。

⑦红树林里包含了很多种红树植物。A.是的　B.不是（答案A，补充说明红树林不是由单一物种组成）。

⑧红树植物“喝”的水没有味道。A.对　B.不对（答案B）。

（7）主讲宣布红树林挑战赛正式结束，并指出红树林湿地就是红树林的家园，也是红树林湿地中其他野生动植物的家园。保护红树林湿地需要大家一起参与。号召学生一同守护红树林家园。

（8）主讲继续询问学生为了保护红树林湿地可以做些什么，引导学生回忆在泥滩上出现的垃圾。主讲说明垃圾会污染红树林湿地的水和土壤，这里的垃圾一般是随着河水或海水漂过来的，源头就是城市的各个角落，包括学生们的家、学校和社区。指出学生可以做的事情有：减少一次性塑料的使用，不产生塑料垃圾；做好垃圾分类，不让塑料垃圾散落在自然中；还可以继续帮助红树宝宝寻找红树植物，观察并记录下来它们过得怎么样，然后通过老师将记录内容寄给保护区；也可以跟家人、朋友分享今天的经历，请他们也来红树林湿地参观、一起保护红树林湿地。

2. 合影，返回管理局（15分钟）

（1）主讲请学生收拾好随身物品，并请助教拿出活动横幅，与班级老师协助组织学生到黑脸琵鹭雕像前合影，然后集合返回管理局。

（2）到达管理局后，主讲向学生说明需要回收的物品为布包、坐垫和放大镜，学生可以带走探索任务单和个人物品。主讲请学生按小组列队站好，由4位助手协助依次回收、清点所负责小组的物品，放入对应收纳箱。

（3）主讲介绍学生将要领取到的科普读物《福田有片红树林》，学生阅读后可以了解保护区里更多的野生动植物，欢迎大家未来继续来保护区探索、发现。学生按照小组顺序依次上来领取书籍，班级老师则组织领到书的学生直接上大巴车，主讲、助教与师生告别。

（六）评价

1. 主讲和助教进行活动复盘（40分钟）

主讲和助教根据教具器材清单一一清点物资，存放至指定位置。并根据“走进海上森林”活动复盘表完成当场活动的复盘，回顾和反思活动中各个环节出现的问题，梳理可能的解决方案和好的教学经验，记录下来。

2. 后测问卷收集（30分钟）

活动后一周内，工作人员联系班级老师继续收集学生的后测问卷，并每季度定期收集教师的活动反馈问卷。

十二、教学资源

（一）部分教学器材

教学活动包
（部分教具展示）

红树家园——红树林湿地（低潮时）

红树家园——红树林湿地（高潮时）

红树挂图与
小组观察物品
（部分教具展示）

探索任务单

图21　部分教学器材

（二）邀请信

亲爱的同学们：

你们好呀！这是一封来自红树宝宝的邀请信，欢迎你们来我家开启一次探索之旅！

你们也许不知道，红树是深圳市的第二市树，但你一定在深圳湾见过一片挺立在海边泥滩上的“海上森林”。那就是我的家人们，你也可以叫我们“红树林家族”。深圳湾海边窄窄的潮间带泥滩就是我们的家，也是人们常说的红树林湿地。

我听到过有人埋怨：这泥滩太软了，一脚就陷进去了；海风太臭了，总带着点儿腥味和咸味；阳光太强烈了，大口喝进去的水都变成汗流出来了。哈哈，那你知道我们红树植物是怎样适应这样的环境的吗？我也听到有人赞叹：树上还有许多鸟儿穿梭、停歇，树根里还能藏着这么多螃蟹和跳跳鱼，潮水上涨又退去，真是生机勃勃呀。对呀，我们的邻居可不止它们！

听爷爷说，我们红树林家族世代在深圳湾定居，带上这封信去深圳湾旁边的福田红树林国家级自然保护区吧，看看你们能找到哪些红树林家族的成员，又能遇见哪些不同的红树宝宝，替我向它们问好！

来的时候，一定要准备好户外探索装备。舒适的运动鞋可以让你走得更远，与自然颜色相近的长衣长裤能让你更有机会发现保护区的野生动物，也能帮助防晒防蚊。请随身带好一个便携水壶和一支记录用的笔，尽量不使用一次性塑料瓶。记住，只有听从主讲和助教的指引，才能顺利完成探索之旅哦。

期待你们的到来！

住在海边的红树宝宝

第二课　鸟儿小管家

一、活动背景

中国沿海湿地是东亚—澳大利西亚候鸟迁飞区候鸟们重要的中途停歇地和越冬地，为180种、约97万只迁徙水鸟提供一系列优质湿地进行栖息和觅食，以补充能量完成下一阶段的迁徙旅程。目前，东亚—澳大利西亚候鸟迁飞区的水鸟种群数量与栖息地的数量及质量均呈下降趋势，并且其受威胁情况在全球的九大候鸟迁飞区之中最为严重。以我国沿海湿地为例，人为干扰（如水产养殖、渔民渔网误捕、兼捕或盗猎）、潮间带栖息地丧失和高潮位栖息地丧失致使迁徙水鸟种群数量迅速下降；围垦、基建占用、外来物种入侵、过度捕捞和采集以及污染使栖息地的数量减少，质量不断下降。与此同时，在保护政策上也存在野生动物保护等级评定滞后于种群保护现状的问题。

离我们不远的深圳湾湿地和香港米埔及内后海湾湿地是东亚—澳大利西亚候鸟迁飞区的重要栖息地。据调查，2012—2019年，深圳湾/后海湾湿地的部分水鸟种群有数量上升或下降的变化，但迁徙水鸟总体数量较稳定。这一结果得益于几十年来深港两地的政府、环保机构、社会公众等各界人士共同的努力，无论是自然保护区的建立、深圳湾禁渔令的颁布，还是鸟类调查与栖息地修复项目的推进、公众教育活动的开展、深圳湾航道疏浚项目的暂停等，都在直接或间接地为迁徙水鸟的保护发挥作用（图1）。

图1　保护区候鸟群飞

自2004年起，深圳市观鸟协会、华侨城湿地、红树林基金会等环保机构连续多年面向学校团体提供各类鸟类主题活动，现在观鸟可以说是深圳市、尤其是福田区中小学生最熟悉的户外环境教育活动。从2019—2021年面向学校团队开展的鸟类主题活动中我们发现，部分学生所在学校设置有观鸟社团且配备有观鸟设备和指导教师，但大部分学校并无此条件，仍依赖教师的积极组织才能参与户外观鸟活动。

深圳湾湿地一年一度的候鸟自然剧场早已是深圳的生态名片，然而我们发现，大多数参与学生对迁徙候鸟的认知还停留在书本上的概念，他们较少有机会观察真实环境中的鸟类及其行为，不明白为什么深圳湾每年会吸引成千上万的候鸟来此越冬、停歇，更不用说认识深圳湾红树林湿地作为候鸟栖息地的重要性。即使部分学生已经了解到鸟类及其栖息地保护之于人类、城市的重要性，他们也可能对如何保护野生鸟类及其栖息地存在误解。例如，有的学生提出通过救助流浪猫来保护鸟类，而流浪猫正是野生鸟类在城市生活的天敌之一。我们希望以“鸟儿小管家”的活动为例，向学生介绍鸟儿与栖息地之间的关系，未来有更多机会去观察和保护身边的鸟类和鸟儿的家园。

本活动通过为学生创造在自然中观察鸟类的机会，提升学生对深圳湾湿地作为东亚—澳大利西亚候鸟迁飞区迁徙水鸟重要栖息地的认知，建立学生与深圳湾湿地的情感联结。

二、活动简介

福田红树林国家级自然保护区是全国唯一处于城市腹地的、面积最小的国家级自然保护区，保护区内的林地、鱼塘和滩涂等不同生境为近200种、约10万只鸟类提供重要栖息环境，每年吸引东亚—澳大利西亚候鸟迁飞区成千上万的迁徙水鸟来此觅食、停歇或越冬，是名副其实的“鸟儿家园”（图2）。

图2　保护区停歇在红树林滩涂上的水鸟

琵琵（图3）向学生发出邀请，号召学生成为鸟儿小管家，一起保护深圳的鸟类居民，帮助它们打理家园。学生在鸟儿大管家的帮助与引导下，通过了解鸟儿居民选择栖息地的基本条件，并实地观察不同住宅区的环境特征与鸟类居民，欣赏自然界鸟儿的美丽，认识到鸟与环境之间的紧密联系，进而理解保护区作为鸟类栖息地的重要性，提升学生的爱鸟护鸟意识，以及作为鸟儿小管家的责任感。

图3 琵琵卡通形象与玩偶

三、活动对象： 四～六年级学生，45～55人。

四、学科领域： 小学科学生命科学领域，详见附录“课程一览表”。

五、教学时间： 3小时。

六、教学场地： 保护区管理局及实验区。

七、教学人员： 2名教学人员（主讲及助教各1名），4名助手（跟队老师或家长）。

八、教学目标

注：1.“*”表示的是重要程度，“*”越多表示该板块目标越重要。
2.意识为较浅层的目标，可以不用明确设置，仅在无法达成知识、态度、技能、行动等深层目标时作为替代目标。

表1　教学目标

环境教育目标	四~六年级总目标	四~六级分目标
年段总目标	通过实地观察和探究鸟类与栖息地之间的关系，了解到保护区为多种鸟类提供适宜的栖息环境，初步理解保护区作为鸟类重要栖息地的重要意义	
意识	略	略
知识	*** 1　实地观察鸟类栖息地的特点，理解保护区为鸟类提供了适宜的栖息环境（必要的生存条件），从而吸引了众多鸟类； 2　了解保护区的不同生境为不同鸟类提供了适宜的栖息环境	*** 1-1　通过实地观察，意识到保护区为鸟类提供了适宜的栖息环境（食物和庇护所）； 1-2　通过观察，初步理解保护区多样的栖息地吸引了多样的鸟类； 2-1　了解鸟类的定义、生存的必要条件、形态特征； 2-2　通过观察，了解鸟类在保护区觅食、飞行、躲避天敌等行为以及与环境的互动关系； 2-3　通过实地观察，了解保护区林地、鱼塘、滩涂等不同生境的特点，理解它们提供了适宜的栖息环境； 2-4　通过观察，了解出现在保护区的不同鸟类及其栖息环境
态度	***** 3　观察鸟类在自然环境里的行为（以及与环境之间的互动关系），欣赏自然之美； 4　了解保护区是鸟类重要的栖息地	***** 3-1　通过观察，初步理解自然世界的丰富、有趣和美好； 3-2　通过观察，开始欣赏自然环境中鸟类的生动和美感； 4-1　能够理解保护区的成立保护了鸟类的重要栖息地
技能	*** 5　了解对鸟类友好的行为； 6　学会使用双筒望远镜	** 5-1　学习基本的观鸟行为要求； 6-1　学会正确使用双筒望远镜观察鸟类
行动	** 7　与家人、朋友分享活动经历，并尝试观察身边的鸟儿及其栖息地	** 7-1　与家人、朋友分享活动经历并呼吁保护鸟类及其家园，尝试观察家或学校附近的鸟儿及其栖息地，了解其生存状况

九、教学框架

表2 教学框架

教学环节	时间及地点	教学内容	对应的教学目标/作用
课前沟通和准备	活动前一周（班级教室）	收集前测问卷； 琵琶来信，告知学生任务线索与行前准备	5-1 学习基本的观鸟行为要求；收集前测数据，提升期待，做好行前准备
开场介绍	14：30—15：00（管理局—隧道）	学生领取培训物资、做好3个准备，与助手确定现场职责； 正式欢迎师生，介绍鸟儿大管家及培训中心，说明约定与挑战任务	5-1 学习基本的观鸟行为要求；呼应邀请信，清点人数，自我介绍，场地介绍，行为要求，活动时间及路线
热身及引入	15：00—15：30（小广场）	完成任务一，了解鸟类基本知识； 完成任务二，学会使用双筒望远镜及观鸟规则	2-1 了解鸟类的定义、生存的必要条件、形态特征； 2-2 通过观察，了解鸟类在保护区的觅食、飞行、躲避天敌等行为以及与环境的互动关系； 5-1 学习基本的观鸟行为要求； 6-1 学会正确使用双筒望远镜观察鸟类； 引入主题，基础知识铺垫
实地考察	15：30—16：30（2个观察点：林地/鱼塘/滩涂）	考察鸟儿住宅区——林地； 考察鸟儿住宅区——鱼塘； 考察鸟儿住宅区——滩涂	1-1 通过实地观察，意识到保护区为鸟类提供了适宜的栖息环境（食物和庇护所）； 1-2 通过观察，初步理解保护区多样的栖息地吸引了多样的鸟类； 2-1 了解鸟类的定义、生存的必要条件、形态特征； 2-2 通过观察，了解鸟类在保护区的觅食、飞行、躲避天敌等行为以及与环境的互动关系； 2-3 通过实地观察，了解保护区林地、鱼塘、滩涂等不同生境的特点，理解它们提供了适宜的栖息环境； 2-4 通过观察，了解出现在保护区的不同鸟类及其栖息环境； 3-1 通过观察，初步理解自然世界的丰富、有趣和美好； 3-2 通过观察，开始欣赏自然环境中鸟类的生动和美感； 5-1 学习基本的观鸟行为要求； 6-1 学会正确使用双筒望远镜观察鸟类
分享及总结	16：30—17：00（小广场）	分享考察收获，回顾考察要点； 颁发鸟儿小管家委任书，号召爱鸟、护鸟； 合影及返回学校	4-1 能够理解保护区的成立保护了鸟类的重要栖息地； 5-1 学习基本的观鸟行为要求； 7-1 与家人、朋友分享活动经历并呼吁保护鸟类及其家园，尝试观察家或学校附近的鸟儿及其栖息地，了解其生存状况
评价	17：00—18：00	物资整理及活动复盘； 收集后测问卷	积累教学经验； 执行教学评估

十、教学人员和器材

表3　教学人员和器材

人员 器材类别	主讲	助教	（班级）助手	学生
教学用具	**开场介绍：** 1张A3活动路线图 1本A5培训手册 1份班级分组名单 1瓶驱蚊水 **热身及引入：** 8张A3鸟种图片 1张A3什么是鸟的图卡 1张A3鸟儿喜欢什么样的家的图卡 1台双筒望远镜 1份鸟类图鉴 1个鸟爪印章 **实地观察：** 1张鱼塘停留点俯视图 1张A4水鸟食物图片（弹涂鱼、招潮蟹） 1张A4水鸟觅食图 2张A4潮间带滩涂涨、退潮图片 **分享与总结：** 3张A3栖息环境图片	**开场介绍：** 1份活动现场确认表 1份保险名单 1瓶驱蚊水 **热身及引入：** 8×8张A4鸟种图片 8×8张A5鸟种线索卡片 1台双筒望远镜 1份鸟类图鉴 1个鸟爪印章 **实地观察：** 同主讲	**课前沟通与准备：** 1份课堂教学指引 1个PPT课件 1封琵琵的邀请信 1个琵琵玩偶 1张A4培训中心地图 5张A4环境图片（全景鸟瞰、林地、鱼塘及涨潮、退潮时的红树林滩涂） 2张A4鸟的食物图片（招潮蟹、弹涂鱼） 1张A4鸟的身体结构图 1根羽毛（本地鸟种，加标签） 1本99种鸟册 1张A4户外观鸟准备图片 （以上教学器材为课堂活动包，由工作人员邮寄给班级教师，并在活动当天回收） **开场介绍：** 4本A5助手用培训手册 4个鸟爪印章 4个奖励徽章 （以上教学器材均放入主讲教具包，由主讲负责分发、回收）	**开场介绍：** 45～55份教学布包（1本A5培训手册、1个折叠坐垫） **热身及引入：** 20台双筒望远镜 20份观鸟图鉴 **分享与总结：** 1张班级委任书（提前写好班级） 45～55份个人委任书卡片（提前根据班级分组名单写好） （以上教学器材，学生可带走培训手册、班级委任书和个人委任书，其他需回收）
着装 （要点：防晒、防蚊、浅色、舒适）	1个工作证（背贴微网页二维码） 1条绿领巾 1件户外工作服/志愿者马甲 1顶遮阳帽 1双户外/运动鞋	同主讲	1套浅色衣裤 1顶遮阳帽 1双运动鞋	1套长袖校服 1顶遮阳帽 1双运动鞋
个人随身物品	1支防晒霜（可选） 1瓶止痒膏（可选） 1把雨伞 1个水壶/水杯（非一次性塑料用品）	同主讲	同主讲	同主讲
其他	1个随身急救包及清单（弹性绷带、酒精降温贴、酒精棉片、肘形创可贴、蛇药、蜂药、普通宽胶带、牙膏、电解质饮料）	1个急救药箱、清单及安全预案流程图 1个随身急救包及清单（同主讲） 1张A4卫生间指向卡 1张A4茶水间指向卡 1张A3培训中心图卡	无	无

十一、教学流程

（一）课前沟通与准备（40分钟）

完成活动预约申请后，班级老师将在户外活动前一周收到教学活动包的快递，并根据收到的教师指引和教学器材完成课堂教学。

1. 收集前测问卷

开展课堂教学前一天，请让老师或家长协助班级学生完成前测问卷。

2. 琵琵来信，告知学生任务线索与行前准备

（1）班级老师阅读琵琵的来信，并介绍琵琵与深圳湾湿地的关系。它是深圳湾湿地的明星鸟种黑脸琵鹭，全球仅存5 222只（2021年），被列为全球濒危物种和国家一级保护动物，全球受威胁等级比大熊猫还要高。由深圳市和香港特别行政区组成的深圳湾湿地是它的全球第三大栖息地。

（2）班级老师展示培训中心的线索图片和物品，提出问题引发学生的好奇心，请学生课后继续到班级阅读角探索。

①活动当天师生乘坐大巴车到达地图上保护区管理局的所在位置。

②保护区的林地、鱼塘、红树林和潮间带滩涂等环境吸引了许多鸟儿居民，不同鸟儿喜欢的环境是一样的吗？

③保护区的弧边招潮蟹、弹涂鱼、昆虫、榕果、花蜜等吸引了许多鸟儿来觅食，不同鸟儿喜欢的食物是一样的吗？

④鸟儿是一种什么样的动物？深圳湾都有哪些常见的鸟儿出现呢？

（3）班级老师重申鸟儿小管家培训任务及日期，根据户外观鸟准备图再

次提醒大家做好行前准备。注意“√”项由鸟儿小管家培训中心准备，“□”项老师和学生都要自己准备（图27）。

（二）开场介绍

在户外活动前一天，工作人员与班级老师确认“教师行前检查清单”的所有事项均已完成。户外活动前2小时，主讲和助教一同完成着装确认、教学器材清点、教案备课、现场踩点和鸟况了解，并与司机确认大巴车行程。

1. 学生领取培训物资、做好3个准备，主讲与助手确定现场职责

（1）助教迎接并引导师生到保护区廊道成四列站立，请班级老师根据保险名单点名，确认在场师生均已购买户外保险（图4）。

图4　助手协助点名

（2）助教请班长协助引导学生按秩序领取培训物资，并在5分钟内做好接饮用水、去洗手间、喷驱蚊水3个准备，完成后回到原地填写培训手册。

（3）与此同时，主讲与4位助手进行现场确认会，给每人发放1份助手用培训手册、1个鸟爪印章和4个奖励徽章，并说明活动中助手的4项职责（图5）：

①协助组织队伍、维持秩序、押队，注意学生安全；

②协助发放物资、盖章，听主讲口令行动；

③协助给乐于“倾听”“分享”“探索”“发现”的学生发奖励徽章；

④给每个活动环节拍一张照片。

图5 主讲与助手现场确认工作职责

2. 正式欢迎师生，介绍鸟儿大管家及培训中心，说明约定与挑战任务

（1）主讲与组长确认各小组都回到原位后，请学生拿出坐垫原地坐下。主讲正式欢迎师生，介绍两位鸟儿大管家（主讲和助教）以及红树林鸟儿小管

家培训中心（图6）。说明鸟儿大管家是帮助保护区的鸟儿打理家园、培训鸟儿小管家的人。培训中心所在的福田红树林国家级自然保护区是鸟儿的重要栖息地，吸引了许多鸟儿来觅食、休息。助教提前带着药箱去隧道口，沟通团队进入情况。

图6　助教介绍鸟儿小管家培训中心

（2）鸟儿大管家简要介绍培训手册有“我们的约定”“挑战清单”“任务单”“你可以做得更多”四部分。鸟儿大管家请学生翻到“我们的约定”部分，先询问大家是否收到琵琶的邀请信，根据师生的着装，表扬遵守了琵琶约定的师生，并鼓励大家继续遵守“我们的约定”。鸟儿大管家邀请5位学生朗读约定，希望学生在培训中遵守以上约定（培训手册见图27）。

（3）鸟儿大管家请学生翻到“挑战清单”部分，拿出路线图图卡简要介绍活动路线及挑战任务，指出现在的位置在保护区管理局，活动路线是保护区管理局—隧道—小广场—林地、鱼塘、滩涂。在水井附近的小广场要完成任务

一、任务二，在林地、鱼塘和滩涂完成至少两个鸟儿住宅区的观察和记录。说明挑战任务完成时间为2小时，完成所有的挑战任务并获得盖章后才有可能成为鸟儿小管家。

（4）鸟儿大管家再次说明每位助手负责的小组。请学生将所有物品放进布包，并排成两列步行前往隧道口，助手在负责的小组后押队（图7）。经过巡护员的检查后，鸟儿大管家带领学生到达小广场空地成四列站立，然后各小组原地围圈、拿出坐垫坐下。

图7 学生步行前往红树林科普隧道

（三）热身及引入

1. 完成任务一，了解鸟类基本知识

（1）鸟儿大管家请学生翻到任务一“这样的一只鸟”位置，说明任务规则：每一个小组有1张线索卡和8张今天可能出现在保护区的鸟类居民图卡，小

组成员根据线索卡的外形特征、行为和栖息环境，在2分钟内找出符合描述的一位鸟类居民。举手示意鸟儿大管家确认答案后，各小组为本组的鸟类居民准备1分钟的介绍（图8、图9）。鸟儿大管家总结鸟儿的外形特征并介绍行为习性会影响它们对栖息环境的选择（鸟类居民图卡见图27）。

图8　小组学生认识保护区常见鸟类

图9　小组学生介绍保护区常见鸟类

（2）鸟儿大管家请学生继续看培训手册，拿出图卡带领学生了解“什么是鸟”以及“鸟儿喜欢什么样的家”，说明保护区的林地、鱼塘和滩涂就是鸟儿的家，注意观察每个鸟儿住宅区都有哪些吸引鸟儿的特征（图卡见图27）。

（3）鸟儿大管家请学生整理好小组图卡后交还给本组的助手，祝贺大家完成第一个挑战任务，可以获得第一个盖章（图10）。

图10 学生完成任务并获得盖章

2. 完成任务二，学会使用双筒望远镜及熟悉观鸟规则

（1）鸟儿大管家说明户外观鸟是了解鸟类的重要方式之一，观察鸟类需要使用一定的观察工具，使用双筒望远镜可以让我们既能与鸟儿保持适当距离，又能清晰地观察它们。

（2）鸟儿大管家请学生翻到培训手册任务二“望远镜里精彩多”，向学生介绍双筒望远镜的挂绳、眼罩、镜筒和调焦轮等结构，并根据使用步骤展示实物操作。鸟儿大管家请学生朗读使用双筒望远镜的注意事项和观鸟守则，提醒学生在使用中注意保护好望远镜和自己的安全，同时控制音量、轻手轻脚，与鸟儿保持距离（图11）。

图11　学生学习使用望远镜观察远处的林鸟

（3）鸟儿大管家请助手为每两名学生发放一台望远镜，要求学生在5分钟内根据使用步骤练习，直到每人都能用望远镜看到远处导视牌的第一行字。学生与鸟儿大管家确认能够正确使用后，可以获得任务二的盖章。

（4）鸟儿大管家祝贺大家完成第二个挑战任务，请学生收拾好所有物品准备进行两个鸟儿住宅区的考察，并说明1～4组和5～8组分别由鸟儿大管家带领完成考察。

（四）实地考察

1～4组的考察路线为鱼塘、滩涂和林地，5～8组的考察路线为林地、鱼塘、滩涂，鱼塘和滩涂为需要重点考察的鸟儿住宅区。林地近似学生常见的绿地环境，鸟儿大管家需要给出观察方法指导。

1. 考察鸟儿住宅区——鱼塘

（1）鸟儿大管家带领学生到达1号鱼塘，请学生根据培训手册任务三“考察鸟儿住宅区——鱼塘”，向学生说明该住宅区的考察任务。学生需要在20分钟内完成鱼塘环境和鸟类居民的观察、记录，包括1号鱼塘和2号鱼塘的水位与环境特征，以及在3个停留点观察到的鸟儿类型和位置。请学生总结鱼塘有哪些适宜鸟儿生活的条件，并解出本轮的通关密码获得盖章（图12～图15）。

图12　鱼塘的停留点

图13　1号鱼塘观察
（停留点①）

图14　2号鱼塘观察
（停留点②）

图15　2号鱼塘观察
（停留点③）

（2）鸟儿大管家继续说明停留规则，并强调木栈道上的观鸟行为规则。每个停留点给学生的观察和记录时间为5分钟，到时间后小组立即集合前往下一个停留点，以免错过更精彩的鸟况（图16）。提醒学生在木栈道上行走时需要轻声慢步，紧跟队伍，使用望远镜进行观察时注意脚下安全。

图16　小组前往下一个停留点

图17　学生在培训手册记录观察的鸟类

（3）学生完成鱼塘的所有记录后可凭通关密码找身边的鸟儿大管家和助手盖章（图17）。盖章以小组为单位进行，鸟儿大管家和助手需要一一与学生本人确认，发现好的观察记录可以及时给予奖励徽章，或予以口头表扬。

（4）鸟儿大管家和助手组织学生在浮桥的平台集合，回应学生的记录并总结保护区鱼塘住宅区的情况（图18）。保护区的1号鱼塘和2号鱼塘的环境特征不一样，2号鱼塘经过改造后鱼塘中央的植物更少了、水更浅了，开阔的浅滩更多了，能够吸引更多的水鸟来鱼塘躲避天敌、喝水、梳理羽毛，而岸边的植物减少了人类活动的影响。保护区的鱼塘是深受水鸟喜爱的“卧室”。

图18　鱼塘住宅区小结的集合平台

2. 考察鸟儿住宅区——滩涂

（1）鸟儿大管家带领学生到达浮桥木栈道，向学生介绍培训手册中滩涂的考察任务。学生需要在15分钟内完成滩涂环境和鸟儿的观察、记录，在木栈道上注意观察高潮位/低潮位状态和鸟儿的食物（图19），在观鸟船里注意观察琵琶是否出现（图20），最后凭通关密码获得盖章。鸟儿大管家继续提醒学生注意观鸟行为规则，并及时将随身物品放进布包，以免从木栈道掉落。

图19　学生在木栈道观察

图20　学生在观鸟船观察

（2）鸟儿大管家和助手组织学生在观鸟船出口的木栈道上集合，向学生展示高潮位/低潮位的环境对比、鸟儿食物及鸟儿觅食图卡，总结保护区滩涂住宅区的情况。滩涂每天会有两次被海水覆盖，高潮位和低潮位时的环境特征不一样。在低潮位时，滩涂上可以观察到许多招潮蟹或弹涂鱼等底栖动物，它们都是水鸟喜爱的食物。保护区的滩涂是水鸟的“餐厅”，每年都会吸引数十万只候鸟来此觅食，度过冬天。在高潮位时，鸟儿的食物都躲了起来，有的水鸟会停在保护区的红树上休息，大部分水鸟则会回到鱼塘的“卧室”里歇脚，等待下一次觅食的机会。

3. 考察鸟儿住宅区——林地

（1）鸟儿大管家带领学生到达小广场旁的林地，告诉学生保护区林地与日常见到的绿地环境很相似（图21）。该鸟儿住宅区的考察任务是学会林地鸟儿住宅区的考察方法，为日后观察学校和家附近的林地鸟儿住宅区做准备。

图21　学生在林地鸟儿住宅区观察

（2）鸟儿大管家向学生说明林地的鸟儿多善于躲藏，可以根据培训手册的指引，注意观察林地的环境特征，找找鸟儿的食物、粪便、鸟巢等痕迹及聆听鸟鸣声。学生在5分钟内完成观察即可，注意遵守观鸟行为要求。学生可以自选完成观察记录，如完成则可以获得盖章。

（3）鸟儿大管家和助手组织学生在小广场集合，并总结保护区林地鸟儿住宅区的情况。保护区林地有昆虫、榕果、花蜜等多样食物，不远处有池塘提供水源。虽然林地的人类活动比较多，但高低错落的植物也为鸟儿提供了躲藏和筑巢的有利条件。保护区的林地是林鸟和鹭鸟喜爱的住宅区。

（五）分享及总结

1. 分享考察收获，回顾考察要点

（1）1小时后，鸟儿大管家带领各自的学生回到小广场，小组回到原地围圈坐下休息，请学生在5分钟内补水、去洗手间。其间学生可以补充观察记录和找助手盖章，助教回收学生的望远镜和图鉴，以及助手的培训手册和印章。

（2）鸟儿大管家依次请观察到5种、10种、20种鸟儿的学生举手示意（图22），并表扬他们能觉察出鸟儿之间的差异，有一定的观察敏感度。鸟儿大管家询问学生考察中亲眼见到了保护区8种常见鸟儿中的哪几种，并根据学生的回答一一展示图卡。如果当天出现了黑脸琵鹭，则告诉学生它们都是琵琵的家人，也许琵琵也在它们之中。如果当天没有看到琵琵，可邀请学生到深圳湾公园、生态公园或继续预约进入保护区，寻找琵琵的踪迹。

（3）鸟儿大管家依次请考察了2个鸟儿住宅区、3个鸟儿住宅区的学生举手，表扬他们已经能初步运用鸟儿住宅区的考察方法，已经具备了做一名鸟儿

图22　学生举手分享观察成果

小管家的潜质。鸟儿大管家询问学生保护区为鸟儿居民提供了哪些栖息环境/住宅区，并根据学生的回答一一展示图卡。

（4）鸟儿大管家结合生境和鸟儿喜欢什么样的家来做总结。保护区的林地、鱼塘和滩涂都是鸟儿喜欢的家，它们具有同样的特征——有充足的食物、适合繁殖、能躲避天敌、人类活动干扰少且离水源近。保护区的建立保护了鸟类的重要栖息地，为众多林鸟、水鸟提供了适宜的家园。

（5）鸟儿大管家请学生思考自己可以为保护区和家附近的鸟儿做些什么，请1～2位学生做一句话分享。鸟儿大管家介绍培训手册中的“我们可以做得更多”，并再次说明学生可以使用林地鸟儿住宅区的考察方法去观察身边的绿地环境。

2. 颁发鸟儿小管家委任书，号召大家爱鸟、护鸟

（1）鸟儿大管家正式宣布所有学生已经顺利完成挑战清单中的所有任

务，说明琵琵已经为大家准备好红树林鸟儿小管家委任仪式（图23、图24）。鸟儿大管家郑重读出学校和班级名称以及证书文字，邀请班长领取班级委任书，并请助手为各小组学生发放个人委任书。

图23 红树林鸟儿小管家班级委任书委任仪式

图24 红树林鸟儿小管家个人委任书委任仪式

（2）鸟儿大管家邀请学生一起小声读出“红树林鸟儿小管家的承诺”，请大家作为鸟儿小管家继续守护身边的鸟儿家园，遵守观鸟行为要求，号召身边的家人、朋友一起爱鸟、护鸟。

3. 合影及返回学校

鸟儿大管家请助手协助组织学生与黑脸琵鹭雕像合影（图25），随后返回管理局归还布包和坐垫。学生每人领取一本《福田有片红树林》科普读物（图26），然后乘坐大巴车返回学校。

图25　学生合影

图26　科普读物

（六）评价

1. 物资整理及活动复盘

活动结束后，主讲和助教整理收纳好教学物品，并完成活动复盘。

2. 收集后测问卷

活动后一周内，工作人员联系班级老师继续收集学生的后测问卷，并每季度定期收集教师的活动反馈问卷。

十二、教学资源

（一）部分教学器材

教学活动包
（部分教具展示）

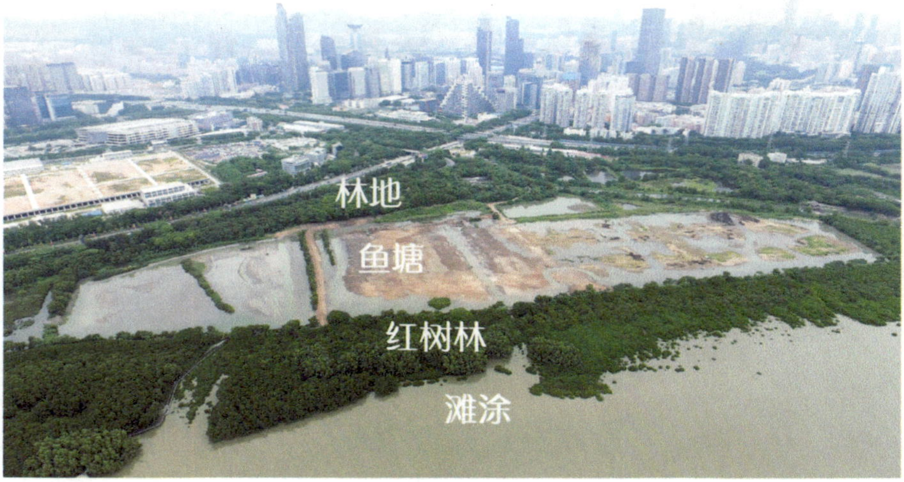

保护区鸟瞰图

□ **防晒装备**
戴帽子、穿长衣长裤

□ **防蚊装备**
带驱蚊水、止痒用品

□ **补水装备**
自带水杯，环保又健康

□ **自然色服装**
颜色鲜艳容易惊吓鸟儿

□ **舒适的运动鞋**

√ **双筒望远镜**
远距离也能看清鸟儿

√ **保护区常见鸟种图鉴**
随时查阅、识别鸟种

√ **记录本**
随时记录、完成挑战任务

□ **其他**
笔
好奇的心
认真倾听的耳朵
安静的嘴巴

户外观鸟准备

培训手册
（部分展示）

02
我们的约定
开始培训之前，希望与你达成以下的约定：
01 轻声慢步，保持安静
与鸟类保持距离，不惊扰保护区其他野生生物
02 尊重生命，关怀自然
不在保护区内吃东西，不喂食鸟类、不伤害其他生物
03 珍爱自己，注意安全
及时饮水，没有大管家的允许，不触碰任何鸟类粪便以及保护区内的有毒动植物
04 尊重他人，善待伙伴
注意聆听、学习他人的长处，听从大管家的指引
05 紧跟大管家，团进团出
不超过大管家也不掉队
06 拍照记录，遵守礼仪
注意避开武器及武器设施，保拍请及时删除
07 森林防火，防患于未然
不携带火种进入保护区
欢迎您
进入红树林鸟儿
小管家培训中心！

04
挑战清单
做好行前准备，成为小管家候选人
达成「我们的约定」，安静进入保护区
恭喜你已完成上述任务，完成以下三项挑战任务，
即可获得「鸟儿小管家」称号！
任务三
考察鸟儿住宅区
任务描述：完成至少两个地点的
考察，并完成考察记录。
北
任务一
这样的一只鸟！
任务描述：根据线索提示卡找到本
组的鸟儿，所有组员一起向其他同
学介绍它的特征。
任务二
望远镜里精彩多
任务描述：学习正确使用望远
镜观察远处的目标。
加油哦~
管理局
1号鱼塘
2号鱼塘
木栈道
小广场
隧道
浮桥
林地
观鸟船
滩涂
任务一、二：小广场
任务三：林地、鱼塘、滩涂

常见鸟类
居民图卡
（部分展示）

外形特征

我是体型很大的琵鹭类水鸟，全身羽毛白色，繁殖季才会有金黄色的“脖圈”。我的喙（huì）又黑又长又扁，有人说像琵琶，还有人说像汤匙。

行为/习性

我飞行时得伸长脖子。我觅食时喜欢在浅水区来回跑动，还要探进水中左右扫动来捕捉猎物。

栖息环境

我喜欢在滩涂的浅水区觅食，也会在红树林、鱼塘浅滩上休息。

黑脸琵鹭（pí lù）

觅食

飞行

梳理羽毛

教学图卡
（部分展示）

什么是鸟?

1. 有羽毛
2. 卵生
3. 体温恒定

鸟儿喜欢什么样的家?

1. 有充足的食物
2. （繁殖期）有适合筑巢的位置和材料
3. 能够躲避天敌
4. 人类活动干扰少
5. 离水源近

红树林鸟儿小管家的承诺

☐着装自然色，鸟儿不惊扰。观鸟有距离，鸟儿更舒适。

☐不随意喂鸟，食物需自然。爱护鸟家园，生命更精彩。

☐发现伤害鸟，及时要劝止。发现鸟受伤，求助野保处。

深圳市野生动植物保护管理处电话：0755-23737770

“红树林鸟儿小管家”个人委任书

______（同学）：

你已完成鸟儿小管家培训的所有培训内容，成绩合格。现特聘你为“红树林鸟儿小管家”。

特颁此证，谨表祝贺！

琵琵及社区全体居民

图27 部分教学器材

（二）邀请信

亲爱的同学们：

这是一封求助信，我需要你们的帮助！

你们可能知道，深圳湾居住着很多特殊“居民”。它们住在这个城市的各处，需要休息、盖房、填饱肚子、照顾幼小。它们有的一直居住在本地，有的则每年10月从北方远道而来，春季又回到故乡。对了，这些“居民”还长着羽毛和翅膀，飞行是它们最擅长的事。

你一定猜出来了，这些“居民”就是鸟！而我们需要很多为这些鸟儿服务的管家。做鸟儿的管家要随时关注鸟儿的生活，帮助鸟儿找到合适的家，关心和爱护鸟儿让它们在我们的城市中幸福地生活。唉，我们的人手快不够用啦！真是太着急了！

听说咱们班的同学们都很聪明、细心，还很有责任感，你们愿意成为鸟儿小管家吗？拿着这封信去鸟儿小管家培训中心吧！看看你们能不能在这里通过挑战，完成任务，成为深圳的鸟儿小管家？

在这封信里我附上了培训中心的地图还有周围环境的照片。你们的老师会负责把你们送到正确的地点。那里有已经通过培训的鸟儿大管家来指导你们。

来的时候，请一定要穿上舒适的运动鞋，尽量选择与自然颜色相近的、适合户外活动的长衣长裤。同时要注意防蚊，带好充足的水，不使用一次性塑料瓶。在通过挑战的时候，请一定要听从主讲和助教的指引。

期待你们的光临！

琵琵

PS：我也是一只鸟。

第三课　生机勃勃的潮间带

一、活动背景

自然为人类的生存与繁衍以及人类社会的繁荣发展提供了必要的资源与环境，我们需要了解并顺应自然规律，以避免全球生物多样性急剧丧失和生态系统快速退化带来的严重后果。与此同时，全球范围内陆续出现的极端天气事件也显示了气候变化对人类社会的生产生活提出了新的挑战，应对气候变化与保护生物多样性已经迫在眉睫，需要各国政府、机构与公众共同参与，秉持地球生命共同体和人类命运共同体的理念，做出自然保护行动与改变。

为应对全球生物多样性丧失和气候变化等生态危机，世界自然保护联盟（IUCN）提出基于自然的解决方案（NbS）理念，旨在通过保护、可持续管理和恢复自然的或被改变的生态系统的行动，从而有效和适应性地应对社会挑战，同时提供人类福祉和生物多样性效益。2021年，深圳湾红树林湿地修复入选《基于自然的解决方案中国实践典型案例》，这项跨深圳和香港两地的，政府部门、公益机构与社会公众跨界共同完成的生态修复和湿地教育工作得到了充分认可。福田红树林国家级自然保护区得以提升，深圳湾红树林湿地的生态系统功能也得到恢复，生物多样性不断提升，最终实现了生态系统与社会和谐发展。

深圳的小学高年级和初中阶段都要求学生了解身边的常见生物、自然环境与生态系统，但课本的内容多以北方地区具有代表性的生物与环境作为教学案例。为此，我们希望以户外课的形式提升红树林湿地生态系统在深圳中小学生中的认知度。

本活动通过为学生提供实地考察红树林潮间带的机会，提升学生对深圳湾红树林湿地的生物多样性与生态系统的认知；通过了解深圳湾变迁过程中红树林湿地面临的挑战与本地NbS生态修复工作，初步认识到生态系统及生态修复工作的复杂性，进而关注和支持本地湿地保护工作，建立人地协调观。

二、活动简介

福田红树林国家级自然保护区是全国唯一处于城市腹地、面积最小的国家级自然保护区。这里的红树林潮间带汇集了丰富的泥沙与营养物质，在强烈日照和潮汐的帮助下，不断向红树林湿地生态系统传递能量与物质，为底栖生物、昆虫、鸟类等提供栖息地和食物来源。各种生物之间通过食物网相互联系构成红树林湿地生态系统（图1、图2）。

图1　红树林湿地生态系统的常见物种

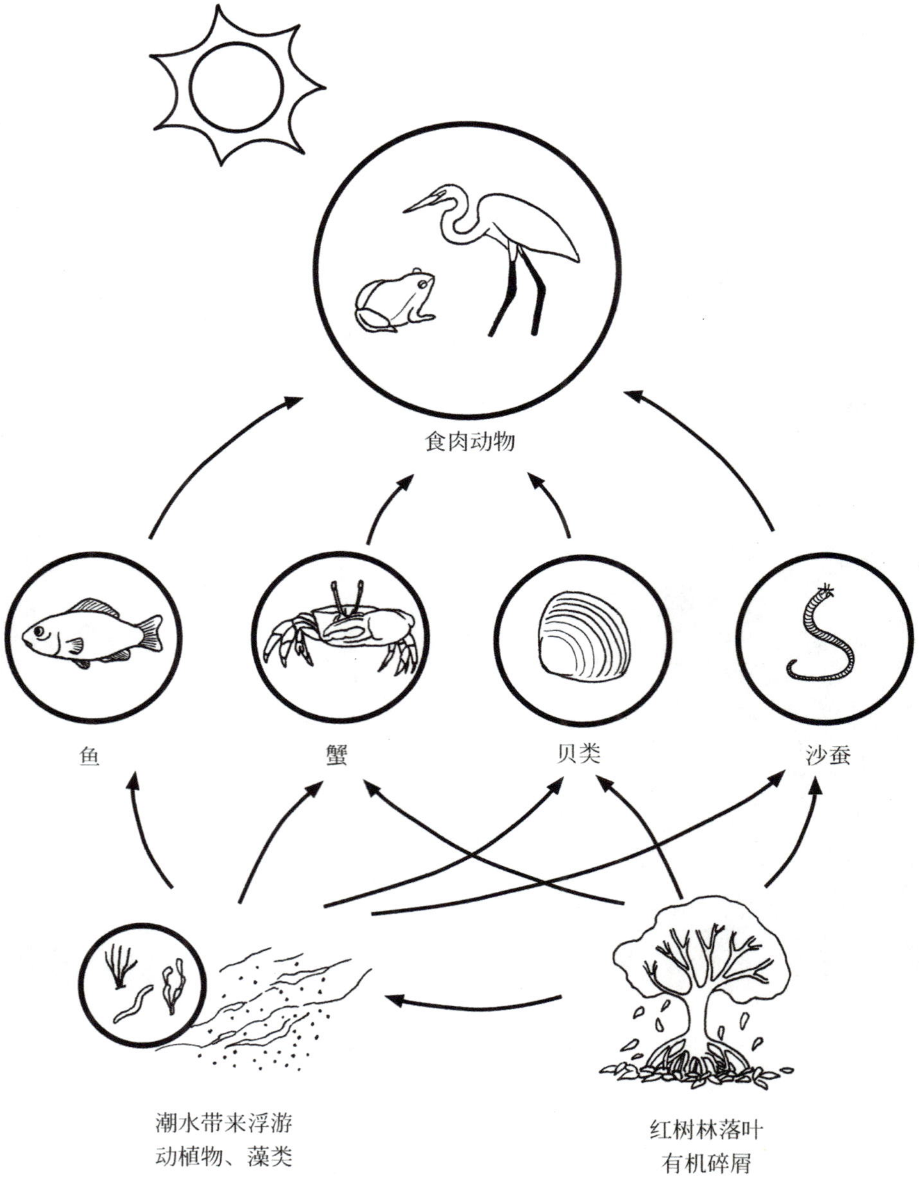

图2 红树林生态系统的食物网

弹涂鱼（图3）写信邀请学生到访位于保护区红树林潮间带的各个村落，感受与体验潮间带古老村落的自然之美与人文底蕴。学生通过户外考察解密大型底栖生物、红树植物与鸟类等潮间带原住民的生活方式，倾听原住民讲述人类活动对潮间带社区的影响，进而理解保护区建立等湿地保护工作的重要意义，建立人地协调观和提高生态环境保护素养。

图3　弹涂鱼

三、活动对象： 七～九年级学生，45～55人。

四、学科领域： 生物、地理、科学，详见附录“课程一览表”。

五、教学时间： 3小时。

六、教学场地： 保护区管理局及实验区。

七、教学人员： 2名教学人员（主讲及助教各1名），4名助手（跟队老师或家长）。

八、教学目标

注：1.“*”表示的是重要程度，“*”越多表示该板块目标越重要。
2.意识为较浅层的目标，可以不用明确设置，仅在无法达成知识、态度、技能、行动等深层目标时作为替代目标。

表1　教学目标

环境教育目标	七~九年级总目标	七~九年级分目标
年段总目标	学生通过对红树林潮间带的实地观察、探究，了解潮间带的特殊环境特征，认识潮间带的生物多样性及其常见生物的生活方式，了解保护区的变迁历史，从人地协调观的角度理解保护区建立等湿地保护工作的重要性	
意识	略	略
知识	*** 1　运用五感观察，对红树林潮间带的动植物和环境产生好奇心、兴趣和关怀，意识到自己的生活方式对环境的影响； 2　通过实地观察，初步认识红树林潮间带的生物多样性； 3　认识到人类活动的影响和可能的改善方法	*** 1-1　运用五感观察，认识到红树林潮间带的动植物和环境的独特性； 1-2　意识到自己的生活方式对红树林潮间带可能造成的影响； 2-1　通过实地观察，认识红树林潮间带的常见生物； 3-1　了解保护区的历史变迁，认识红树林潮间带主要受到的人类活动影响和相应的湿地保护举措
态度	***** 4　通过实地观察，认识到保护区对维护红树林潮间带生物多样性的重要性； 5　能在观察过程中爱护和尊重潮间带生物，了解人类活动的影响，理解保护红树林潮间带的重要性	***** 4-1　通过实地观察，认识到保护区对维护红树林潮间带生物多样性的重要性； 5-1　遵守观察过程中的行为要求； 5-2　体会到要保护红树林潮间带和动植物，需要建立人地协调观
技能	** 6　学会运用五感、比较、分类、记录等户外观察方式	** 6-1　学会运用五感、观察工具等户外观察方法
行动	** 7　了解、支持与参与深圳湾红树林湿地保护行动	** 7-1　能与家人或朋友分享、讨论红树林潮间带体验活动，关注深圳湾红树林湿地保护动态

九、教学框架

表2 教学框架

教学环节	时间及地点	教学内容	对应的教学目标/作用
课前沟通和准备	活动前一周（班级教室）	* 收集前测问卷； * 阅读弹涂鱼来信，告知学生任务线索与行前准备	5-1 遵守观察过程中的行为要求 收集前测数据，提升期待，做好行前准备
开场介绍	14：00—14：35（管理局—隧道）	* 欢迎师生，点名，领取布包，进入保护区； * 做好3 个准备，现场确认助手职责； * 正式欢迎师生，介绍保护区、活动安排和行为要求	5-1 遵守观察过程中的行为要求 呼应邀请信，清点人数，自我介绍，场地介绍，行为要求，活动时间及路线
热身及引入	14：35—14：50（小广场）	* 认识潮间带，了解红树林潮间带的环境特征； * 猜想潮间带家族在保护区生活的位置	1-1 运用五感观察，认识到红树林潮间带的动植物和环境的独特性 引入主题，基础知识铺垫
实地考察	14：50—16：05（红树村—蟹村—鸟村—鱼村）	* 了解如何打卡潮间带社区； * 完成潮间带社区打卡之旅	1-1 运用五感观察，认识到红树林潮间带的动植物和环境的独特性； 2-1 通过实地观察，认识红树林潮间带的常见生物； 4-1 通过实地观察，认识到保护区对维护红树林潮间带生物多样性的重要性； 5-1 遵守观察过程中的行为要求； 6-1 学会运用五感观察等户外观察方法
分享及总结	16：05—17：00（小广场—管理局）	* 分享打卡收获，总结红树林湿地生态系统； * 了解潮间带变迁史，思考人类与潮间带如何和谐共处； * 合影，离开保护区	1-2 意识到自己的生活方式对红树林潮间带可能造成的影响； 3-1 了解保护区的历史变迁，认识红树林潮间带主要受到的人类活动影响和相应的湿地保护举措； 4-1 通过实地观察，认识到保护区对维护红树林潮间带生物多样性的重要性； 5-2 体会到要保护红树林潮间带和动植物，需要建立人地协调观； 7-1 能与家人或朋友分享、讨论红树林潮间带体验活动，关注深圳湾红树林湿地保护动态
评价	17：00—18：00	* 主讲和助教进行活动复盘； * 后测问卷收集	收集后测数据

十、教学人员和器材

表3　教学人员和器材

人员 / 器材类别	主讲	助教	（班级）助手	学生
教学用具	**开场介绍：** 1份A4打卡单 1张A3活动路线图卡 1张A3我们的约定图卡 1份班级分组名单 1瓶驱蚊水 1个对讲机 **热身及引入：** 1张潮间带挂图 1张A3什么是潮间带图卡 **实地观察：** 1份A5潮间带物种图鉴 1台双筒望远镜 9张A5树牌 1支激光笔 **分享与总结：** 1张深圳湾变迁挂图	**开场介绍：** 1份活动现场确认表 1份保险名单 1瓶驱蚊水 1个对讲机 **热身及引入：** 24张潮间带家族卡片 **实地观察：** 1份A4打卡单 1份潮间带物种图鉴 1台双筒望远镜 4个村牌 9张树牌 1支激光笔 **分享与总结：** 8张A5深圳湾变迁事件卡	**课前沟通与准备：** 1个布包 1份课堂教学指引 1个PPT课件 1封弹涂鱼的邀请信 6张A4图片（与PPT一致） 1张潮间带家族挂图 1本鸟册 1个胚轴 1枚耳螺 （以上教学器材为课堂活动包，由工作人员邮寄给班级教师，并在活动当天回收）	**开场介绍：** 45～55份教学布包（1份A4打卡单、1份A5图鉴、1个折叠坐垫） **实地观察：** 25台双筒望远镜 （以上教学器材，学生可带走打卡单、图鉴，其他需回收）
着装 （要点：防晒、防蚊、浅色、舒适）	1个工作证（背贴微网页二维码） 1条绿领巾 1件户外工作服/志愿者马甲 1顶遮阳帽 1双户外/运动鞋	同主讲	1套浅色衣裤 1顶遮阳帽 1双运动鞋	1套长袖校服 1顶遮阳帽 1双运动鞋
个人随身物品	1支防晒霜（可选） 1瓶止痒膏（可选） 1把雨伞 1个水壶/水杯（非一次性塑料用品）	同主讲	同主讲	同主讲
其他	1个随身急救包及清单（弹性绷带、酒精降温贴、酒精棉片、肘形创可贴、蛇药、蜂药、普通宽胶带、牙膏、电解质饮料）	1桶饮用水 1个水嘴 1个急救药箱、清单及安全预案流程图 1个随身急救包及清单	无	无

十一、教学流程

（一）课前沟通与准备

完成活动预约申请后，班级老师将在户外活动前一周收到教学活动包，并根据教师指引和教学器材完成课堂教学。

1. 收集前测问卷

开展课堂教学前一天，请让家长或老师协助学生完成前测问卷。

2. 阅读弹涂鱼来信，告知学生任务线索与行前准备（40分钟）

（1）班级老师邀请学生阅读弹涂鱼的来信，说明即将参观的地方是离我们不远的潮间带家族重要家园——福田红树林国家级自然保护区，参观任务是考察保护区红树林潮间带，解密潮间带原住民的生活方式，倾听原住民讲述人类活动对潮间带社区的影响，做好着装等行前准备。

（2）班级老师播放PPT、展示教学活动包中的图片、一本鸟类图鉴和一枚耳螺，一一回应信中提到的潮间带原住民，并通过潮间带家族挂图说明潮间带具有丰富的生物多样性。未来一周这些与潮间带相关的物品将会放在教室的一角，学生课后可自行了解（图26）。

（3）班级老师重申行前准备要求，强调活动当天要听从主讲和助教的指令。

（二）开场介绍

户外活动前一天，工作人员与班级老师确认“教师行前检查清单”中的所有事项均已完成。户外活动前2小时，主讲和助教一同完成着装确认、教学器材清点、教案备课、现场踩点并确认潮位，并与司机确认大巴车行程。

1. 欢迎师生，点名，领取布包，进入保护区（15分钟）

（1）助教迎接师生，请班级老师引导学生到草坪旁的步道上，按照提前分好的8组站成两列，下车只拿一支笔和一瓶水。班级老师继续根据保险名单点名，确认在场师生均已购买户外保险且已报备身份信息。

（2）助教欢迎师生到访福田红树林国家级自然保护区，并进行自我介绍。随后，请各组组长领取布包、协助分发给每一位小组成员，准备好后集合前往保护区隧道。出发前，助教请两位助手在1～4组后押队，另两位在5～8组后押队，提醒学生行走中紧跟队伍、不掉队。主讲提前带着药箱去隧道口，沟通团队进入情况。

2. 做好3个准备，现场确认助手职责（10分钟）

（1）助教带领学生通过隧道到达水井旁的小广场（图4），并请学生站成四列，拿出坐垫原地坐下。随后，助教向学生说明正式活动前需要做的3个准备。学生需要在10分钟内接饮用水、去洗手间和喷驱蚊水，完成后回到原地集合。与此同时，助手需要与主讲开现场确认会，请班长及8位组长协助组织、召集学生集合，各自做好自己的准备。

（2）主讲与4位助手快速互相认识后，明确本场活动中助手的职责，并了解班级惯用的快速集合方式。

①每位助手需要全程跟进2个小组，与主讲、助教和小组长紧密配合。助手必须避开自己的孩子所在的小组。

②助手在活动全程协助主讲和助教整队、维持纪律、在队伍行走时押队，

图4 保护区小广场

时刻注意学生的状态和安全。如有异常情况一定要及时与主讲和助教沟通、共同处理。

③助手在活动各个环节协助主讲和助教发放、回收物资。一般遵循“助教—助手—小组长—组员”的顺序。

④助手在活动过程中协助适当拍照记录，每个活动环节拍摄1～2张学生积极参与活动、学生与老师的互动场景，以及合影。活动后统一发给联络的工作人员。

（3）10分钟后，主讲请班长与小组长协助清点人数、确认组员已做好3个准备。所有人集合并原地坐好后，主讲再次与学生确认负责各组的助手，请学生有需要时及时向身边的助手求助。

3. 正式欢迎师生，介绍保护区、活动安排和行为要求（10分钟）

（1）主讲正式欢迎师生，介绍主讲和助教，说明自己与助教接受弹涂鱼的委托，将带领大家打卡潮间带社区的古老村落，领略它的自然与人文之美。

（2）主讲介绍福田红树林国家级自然保护区，保护区全称为“广东内伶仃岛—福田红树林国家级自然保护区”，设立于1984年，1988年正式升级为国家级自然保护区。其中，福田红树林国家级自然保护区面积约为368公顷，约有235个标准400米田径场（15 655平方米）那么大。福田红树林国家级自然保护区的主要保护对象为红树林和鸟类，红树植物有19种，每年有约53种、约10万只候鸟来红树林潮间带停歇、越冬。

（3）主讲拿出路线图卡，请学生拿出打卡单，一起通过打卡路线图了解活动安排（图5）。主讲指出大家现在所在的位置是水井旁的小广场，大家在管理局大楼前下车、领取布包，经过隧道正式进入保护区。在小广场，大家将会了解什么是潮间带，猜想潮间带原住民会出现在哪里。在红树村、蟹村、鸟村和鱼村，走访不同的潮间带原住民，完成打卡单的任务卡片。之后回到小广场，稍作休息，回顾潮间带社区的打卡之旅，认识社区历史，记下自己的承诺。最后合影、返回管理局、坐大巴车回学校。

（4）主讲根据此前的行前准备状况和班级秩序，表扬师生。随后，说明大家作为访客需要遵守一些行为要求，特别是有些原住民（如相手蟹、招潮蟹）比较害怕喧哗，希望与学生达成以下约定：

①保持安静，走在指定的道路上，不打扰动植物；

②没有主讲和助教的允许，不随意触碰动植物和鸟粪；

③垃圾随身带走，不污染动植物家园；

图5　打卡路线

④紧跟队伍，不超过也不落后，团进团出。

（5）主讲可以与学生互动澄清为什么要有这些约定，可补充说明我们在户外需要与野生动植物保持安全距离，因为有的动植物会制造有毒物质来保护自己，而鸟粪会传播禽流感疾病。还要强调自己制造的垃圾必须随身带走，随身物品掉入滩涂也会成为垃圾。

（三）热身及引入

1. 认识潮间带，了解红树林潮间带的环境特征（5分钟）

（1）主讲展示潮间带挂图（图11）和图卡，对潮间带进行介绍。潮间带是指位于海水涨潮时到达的最高线和退潮时到达的最低线之间的海岸带（图6）。潮间带受潮汐的影响，每天被海水淹没两次，又两次露出海面，环境特征表现为温度、湿度和盐度变化大，且波浪冲刷剧烈，对潮间带家族来说是很大的挑战。潮间带分为硬底质和软底质两种类型，具体的有泥滩潮间带、沙滩潮间带、砾石潮间带和岩礁潮间带（图7～图10），以上4种都可以在深圳的海岸见到，有时甚至会出现在同一个海湾。

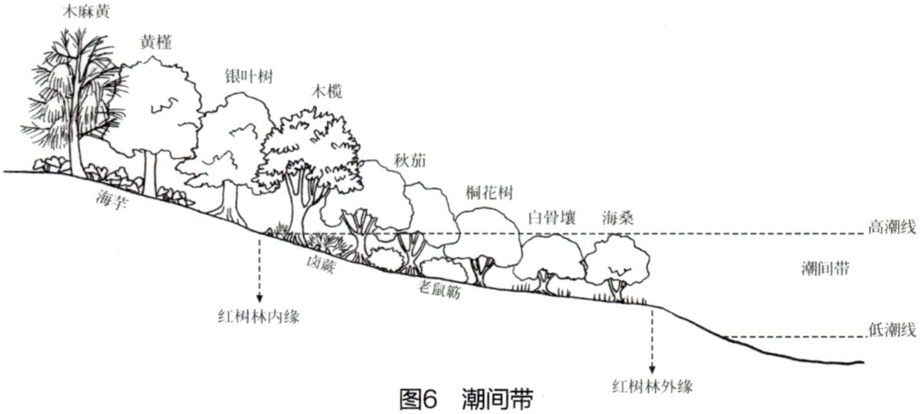

图6 潮间带

图7　泥滩潮间带

图8　沙滩潮间带

图9　砾石潮间带

图10　岩礁潮间带

（2）主讲介绍保护区的红树林潮间带，它是泥滩潮间带，形成于河流入海口咸淡水交汇处，滩涂土壤松软、盐度高、缺少氧气，且常年温度较高、光照强，每天两次涨潮退潮带来海浪冲击，每年台风频繁带来狂风巨浪。潮间带环境艰苦，但依旧生机勃勃，这是因为潮间带家族们各有生存智慧来适应潮间带环境。

2. 猜想潮间带家族在保护区生活的位置（10分钟）

（1）主讲介绍潮间带挂图的不同区域，保护区的潮间带家族们可以住在潮间带的红树林、滩涂，也可以住在陆地的基围鱼塘湿地。鱼塘通过闸口与海水有交流，是咸淡水的人工湿地，只是盐度较低。由助教和助手给每组发放3张潮间带原住民卡片，请学生猜想潮间带原住民会出现在保护区的哪些区域，小组讨论后贴在挂图上（图11）。建议各组可以围圈坐好，方便所有人参与讨论。

图11　小组代表贴潮间带原住民卡片

（2）各组贴好本组的3张潮间带家族卡片后，主讲请学生记住现在的猜想和原因，在完成接下来的潮间带村落打卡后，各组可以有一次调整的机会。

（四）实地考察

1. 了解如何打卡潮间带社区（15分钟）

（1）主讲请学生拿出打卡单和潮间带物种图鉴，向学生介绍潮间带村落打卡之旅，说明稍后分两队走访蟹村、鸟村、鱼村和红树村4个潮间带村落，学生可根据每个村落卡片上的指引进行走访、观察，对已完成的条目打钩记录。同时，学生也可翻阅潮间带物种图鉴了解原住民的更多信息（打卡单见图26）。

（2）主讲向学生说明红树村的打卡之旅略有不同。作为一个潮间带社区的大家族，红树村范围可及蟹村、鱼村，其中两种外来红树——海桑和无瓣海桑——要在鱼村才能有最好的观察体验，观鸟亭上可俯瞰潮间带的全景。主讲请学生在红树村打卡时，试着猜想一下红树植物生存在这里的智慧是什么，并提示民间总结的打油诗《红树之歌》（见图26）可能会有帮助。

（3）主讲向学生说明感受潮间带的人文之美需要结合人类活动与潮间带社区的关系来思考，请大家在走访中想一想打卡单正面最下方的问题。至于如何实现人类与潮间带社区的和谐相处，最后来探讨这个问题。

（4）主讲向学生介绍望远镜的结构与使用方法，并说明在户外观察中借助望远镜可以更好地观察鸟类或相手蟹等害怕喧哗的原住民。随后，主讲请助教和助手为各组发放望远镜，每两人共用一台，练习通过望远镜找到远处的一个标志物。主讲和助教确认小队学生学会基本正确操作后便可开始户外观察（望远镜的结构与使用方法见“鸟儿小管家”）。

2. 完成潮间带社区打卡之旅（60分钟）

（1）主讲带领1～4组沿着“蟹村—鸟村—鱼村—红树村”的路线打卡，助教带领5～8组沿着“红树村—蟹村—鱼村—鸟村”的路线打卡。红树村需要停留时间为15分钟，蟹村、鸟村和鱼村共停留30分钟，可根据具体的观察情况调整。1小时后同时回到小广场。

（2）主讲和助教在带领小队打卡时，在每个村落入口的村牌处介绍村落区域和打卡路线，提示学生找到打卡单上该村落的卡片。建议在第一个村落引导学生发现潮间带的位置，在每个红树植物出现的位置挂出树牌向学生示意，带一支激光笔帮助指示物种位置。尽量减少解说，多提示学生使用打卡单、图鉴和望远镜。

①蟹村。蟹村在潮间带靠近陆地的区域（图12、图13）。引导学生发现右侧有明显的湿润土壤和残留海水的区域为潮间带，请学生在沿途有海芋的小道上使用望远镜观察相手蟹和耳螺，完成打卡单上的蟹村卡片，注意要轻手轻脚。5分钟后集合前往鸟村。请助手协助在海芋小道出口处提醒学生不要离开该区域，主讲可以走动，帮助学生观察。

图12　蟹村沿途环境（植被）

图13　蟹村沿途环境（蟹洞）

②鸟村。鸟村所在的区域为退化的基围鱼塘，过去曾是潮间带红树林，渔民修建基围鱼塘后逐渐偏向陆地特征，不再属于潮间带（图14～图17）。请学生沿着1号鱼塘向前到2号鱼塘使用望远镜观察水鸟、聆听鸟鸣声，完成打卡单上的鸟村卡片，注意要轻手轻脚、低声交流。提示学生本段木栈道路途较长，最多可停留3次，10分钟后到2号鱼塘标志处集合前往鱼村。请助手分别在队伍末尾和中部协助提醒学生继续向前行走，主讲带领队伍选择方便观察的地方停留。

图14　鸟村沿途环境（1号鱼塘标识）

图15　鸟村沿途环境（1号鱼塘湿地生境）

图16　鸟村沿途环境（2号鱼塘小平台）

图17　鸟村沿途环境（2号鱼塘湿地生境）

③鱼村。鱼村所在区域为潮间带红树林外缘、靠近海洋的区域（图18～图21）。请学生沿着浮桥观察潮沟及滩涂上的弹涂鱼和招潮蟹，以及外来红树植物——海桑和无瓣海桑，完成鸟村卡片和部分红树村卡片，注意要轻手轻脚、耐心等候原住民出现。5分钟后到浮桥的铁门处集合前往红树村。请助手分别在队伍末尾和中部协助提醒学生继续向前行走，主讲可以走动，帮助学生观察。

④红树村。红树村分布在潮间带的大部分区域（图22～图25）。请学生沿着木麻黄路口到观鸟亭观察红树植物，完成红树村卡片。15分钟后在观鸟亭集合返回小广场。请助手分别在队伍末尾和中部协助提醒学生继续向前行走，主讲带领队伍选择方便观察的地方停留，拿出树牌示意。

图18　鱼村沿途环境（浮桥）

图19 鱼村沿途环境（浮桥旁滩涂）

图20 鱼村沿途环境（海边木栈道）

图21　鱼村沿途环境（沿海滩涂）

图22　红树村沿途环境（小径）

图23 红树村沿途环境（科普木栈道）

图24 红树村沿途环境（科普木栈道及观鸟亭）

图25　红树村沿途环境（观鸟亭及沿海红树林）

（五）分享及总结

1. 分享打卡收获，总结红树林湿地生态系统（15分钟）

（1）主讲和助教请学生到达小广场后休息5分钟，及时补水、去洗手间，以及调整本组3个原住民的居住位置。5分钟后，请各组回到潮间带挂图前原地坐好。

（2）主讲恭喜学生完成潮间带的打卡之旅，从藏宝袋中取出红树植物根部图片、胚轴模型、红树植物泌盐图片帮助学生回顾红树植物的3个主要生存智慧，模仿一种水鸟的喙及觅食动作唤起学生对水鸟生存智慧的认知，取出弹涂鱼和招潮蟹的模型提示学生保护区的生物多样性。最后，总结保护区的滩涂、红树林以及鱼塘等多样生境为红树植物、底栖动物、鸟类等提供了适宜的家园，生物与环境共同构成了红树林湿地生态系统。

（3）主讲请学生举例说明红树林湿地生态系统中由生产者、消费者和分解者组成。例如，红树植物、浮游植物及藻类等是生产者，鸟类、鱼类、螃蟹、昆虫、人类等是消费者，细菌、真菌等是分解者。主讲继续请学生举例说明红树林湿地生态系统中的一条食物链，如“藻类→小鱼→大白鹭→豹猫”，说明能量通过食物链和食物网传递至整个生态系统，任何一环受到影响都可能牵动整个生态系统，环境因素的变化也是如此。

2. 了解潮间带变迁史，思考人类与潮间带如何和谐共处（25分钟）

（1）主讲展示深圳湾变迁挂图，请学生在挂图上找出自然海岸线的所在位置，并用白板笔圈出。主讲请助教及助手给每组学生发一张深圳湾变迁事件卡片，每张卡片上记录了发生在深圳湾红树林湿地的具体事件，请各组学生阅读事件资料，讨论并思考卡片上的问题，随后派出代表为全班学生介绍本组的角色并概述事件。1～4组学生要思考城市发展对深圳湾红树林湿地有哪些影响？人与自然的关系如何？5～8组学生要思考为了人类与深圳湾红树林湿地和谐共处，我们可以做什么？

（2）主讲讲述深圳湾变迁背景，介绍改革开放以来，深圳从当年的边陲小渔村发展成为今天的国际化大都市，填海贯穿着城市建设与发展的始终。作为深圳西部跨越南山和福田两个区的主要海湾，深圳湾潮间带家族也是这段填海史的主角之一。

（3）主讲请1～4组学生分别代表村民、早期开发建设者、保护区工作人员和市海洋局工作人员讲述变迁故事，并总结填海和围垦是深圳湾乃至整个深圳的红树林湿地消失的主要原因，红树林湿地的生物多样性和生态系统健康受到极大影响。主讲请5～8组学生代表城市规划师、科研人员、环保公益组织的工作人员和环保公益组织志愿者讲述深圳湾变迁的故事。

1 深圳湾变迁故事卡一

我是在深圳湾附近土生土长的村民。1980年以前，深圳湾附近村落大多靠农业、渔业为生，我们村主要是以种水稻田为生，有的村种蔬菜和果树，有的村出海打鱼，有的村围海建基围养虾、建鱼塘养鱼，有的村则围海造田养起了蚝，可以说我们是靠海吃海、依海而生。

我小姨家本来在南山海边靠种菜为生，1986年，她的菜地都被征收后，又去跟着后海白石洲种蚝田的村子学习在滩涂上养蚝，谁知道没过几年蚝田里已经长不出蚝种了，需要去买蚝苗来种才行。1992年，我小姨家的蚝田又被列入征地范围，只好转而盖楼收租。幸好她早早改行，几年后滨海大道填海，白石洲附近的水质污染不能再养蚝，蚝民们彻底失业。

2 深圳湾变迁故事卡二

我是深圳早期的开发建设者。1980年深圳成为经济特区后，蛇口工业区的成功吸引了一批集团企业来到深圳湾附近，有的企业填海造陆发展港口贸易，有的企业征收村民的菜地、蚝田和基围鱼塘等开发为城市商业文化中心，有的企业填海造地开发房地产，小渔村慢慢向城市发展。

我所在的单位模仿新加坡城市规划模式制定了生态规划，在滩涂上陆续建起主题公园——锦绣中华和世界之窗，也在开发旅游中心的同时保留了一片华侨城湿地以平衡深圳湾地区的生态与开发，至今华侨城湿地的北岸还保留着深圳湾原始的海岸线。

3 深圳湾变迁故事卡三

我是福田红树林国家级自然保护区的工作人员。1992年，我来到保护区，刚上班就遇到福田保税区的填海工程，保护区东部100公顷的红树林湿地几天内被填埋（约为保护区现有面积的1/3），约30公顷的红树林被砍伐（约占现存红树林面积的1/3）。当时大多数深圳人不了解红树林，连下沙村、沙嘴村的本地人都不知道保护区是干什么的。

1992年，滨海大道建设计划从保护区穿过，并且要在保护区内建设约30公顷的污水处理厂，我们不断写报告给政府相关部门，环境保护局的工作人员写了内参，媒体做出相关报道和评论让红树林保护问题正式进入大众视野，深圳市的中学老师自发写了保护深圳红树林的联名倡议书，中科院院士等专家提供专业支持。1997年，国务院审批了保护区的生态红线，市政府将滨海大道北移200米避开保护区的核心区，并为此多花1亿元。

4 深圳湾变迁故事卡四

我是深圳市海洋局的工作人员。2002年，《中华人民共和国海域使用管理法》发布，填海审批权收归国务院和省级人民政府，使填海项目更加规范。这几年，我们审批的填海项目主要是基础建设和自贸区用海，包括深港西部通道的深圳湾公路大桥、深圳湾口岸等基础设施，以及太子湾邮轮母港、前海自贸区等未来重点发展的产业。

2003年12月，深港西部通道填海工程完工，150公顷的海洋和滩涂变为陆地。2007年7月1日，西部通道正式通车，深圳借此通道与香港接轨，正式踏出迈向世界的第一步。

5 深圳湾变迁故事卡五

我是深圳的城市规划师。2003年，市政府规划建设深圳湾公园时，我和同行的设计师们都把红树林湿地生态系统的重要生态价值放在第一位，将深圳湾公园作为连接城市与人和自然之间的休闲娱乐场所及生态空间。填一点点海优化城市边界，这里将是深圳湾北部填海的终结。

其实，早在2000年，市政府就将滨海大道北移200米遗留下的填海区规划建设为海滨生态公园，作为保护区的缓冲带免费向市民开放。并在滨海大道红树林路段建设500米长的隔音墙，以减少噪声对保护区鸟类的影响。

2012年，市政府将保护区东侧与福田保税区之间的土地规划建设为福田红树林生态公园，作为保护区的缓冲区和红树林湿地生态修复示范区，以及红树林湿地科普教育基地和市民休闲新场所。2015年生态公园建成，福田区政府委托给环保公益组织基金会全面管理，这是全国首个由社会组织托管的市政公园。

6 深圳湾变迁故事卡六

我是科研人员。早在1994年，科研人员就在深圳湾尝试引进外来红树植物的先锋物种种植在滩涂上，之后也不断复种乡土红树植物，以期修复深圳湾红树林湿地生态系统。深圳市政府在科研人员研究的基础上，在保护区内的凤塘河口以及深圳湾沙河口修复和重建红树植物群落。

自20世纪90年代开始，因昆虫天敌、食虫鸟类的减少和生态环境恶化，保护区红树林时而暴发虫害，如乡土红树植物白骨壤在花果期的叶片被海榄雌瘤斑螟啃食，轻则无法开花结果，重则整株死亡；八点广翅蜡蝉吸食木榄、秋茄、桐花树等乡土红树植物的汁液造成危害。科研人员与保护区合作研究防治方案，使用相对安全的物理、生物方法防治病虫害。例如，尝试使用黄色粘虫板诱捕广翅蜡蝉，或营造适宜昆虫天敌、食虫鸟类的栖息地等。

7 深圳湾变迁故事卡七

我是民间环保公益组织的工作人员。2015—2017年，我们与保护区、科研人员合作，借鉴香港米埔的鱼塘管理经验，将保护区的2～4号鱼塘改造为鸻鹬类水鸟涨潮时使用的高潮位栖息地。市政府也在深圳湾沙河口营造滩涂为鸻鹬类水鸟提供停歇地。

2015年，我们接受福田区政府的委托，管理福田红树林生态公园。当我们了解到，靠近深圳河口和保护区的生态控制区区域的外来红树——无瓣海桑和海桑，已对深圳湾深港两地的乡土红树植物的生长空间和候鸟觅食的光滩产生影响，便与香港米埔自然保护区合作进行人工清理。同时，我们也邀请企业志愿者资助、亲身参与复种乡土红树植物、清理湿地里的海漂垃圾，并与科研人员、公众志愿者一起定期对修复后的红树林湿地进行生态监测。

近年来，在生态文明思想指导下，关于红树林保护修复的相关国家政策相继出台。2020年8月，自然资源部和国家林业和草原局联合颁布了《红树林保护修复专项行动计划（2020—2025）》。2021年12月，《中华人民共和国湿地保护法》正式通过，将于2022年6月1日起施行。我们都非常兴奋未来的工作能有更明确、更有力的政策支持。

8 深圳湾变迁故事卡八

我是环保公益组织的志愿者。2021年，我和生态保育工作人员一起通过红外相机，在福田红树林生态公园生态控制区发现了欧亚水獭、豹猫、小灵猫等国家重点保护野生动物。修复后的红树林湿地出现了它们的踪迹，这代表生态环境在向好发展，我们还要努力提升生境条件让它们定居下来，繁衍生息。

我成为志愿者的契机是一次观鸟活动。自2014年开始，深圳湾附近保护区和公园有很多面向亲子家庭的自然教育活动，我带着孩子参加了一次志愿者带领的观鸟活动，培养孩子兴趣的同时自己也爱上观鸟、喜欢上了自然。

后来孩子大了，我就加入深圳湾的志愿者队伍，带着更多的公众了解深圳湾红树林湿地和栖息在这片区域的生物们，也与他们分享对环境友好的绿色生活方式。例如，少用一次性塑料用品并做好垃圾分类，能减少自然中的垃圾和垃圾造成的水污染；不要把家养的宠物、外来的物种带到户外、公园放生，因为很可能会对本地环境造成生物入侵危害。

成为志愿者之后，我接触到了一群自然爱好者和环保工作者，他们都在努力地用自己喜爱或擅长的方式守护着深圳湾红树林湿地。有的人爱好生态摄影，有的人善用语言文字感染人，有的人善于生态修复研究与实践，有的人善于建言献策，他们在报纸、微博等媒体平台传播深圳湾红树林湿地的美丽，向政府、社会大众传递生态文明理念，呼吁政府、民间组织与公众合力保护红树林。

（4）主讲总结深圳湾红树林湿地在过去的40多年里生态环境逐步恶化、生物多样性快速下降，主要威胁来自围垦填海、城市生产生活污水和垃圾无序排放、外来物种入侵、病虫害、社会公众认知不足等多方面因素。8张深圳湾变迁故事卡向我们展示了不同发展阶段、不同身份背景的角色与深圳湾的关系，身处21世纪的我们需要思考人与自然该以什么样的方式共生于地球。询问学生，为了人与自然的和谐共处，为了身边的深圳湾红树林湿地，我们作为一名普通公众可以做什么，未来我们又能以怎样的身份做得更多。请学生将可以做到的保护行动写在打卡单上，并在未来两个月尝试执行和记录。

3.合影，离开保护区（15分钟）

（1）主讲请学生收拾好随身物品，并请助教拿出横幅，与班级老师协助组织学生到黑脸琵鹭雕像前合影，然后集合返回管理局。

（2）到达管理局后，主讲需要回收布包和坐垫，学生将打卡单和个人物品带回。主讲请学生按小组列队站好，由各组组长协助依次回收，并清点该组的物品，放入对应收纳箱。

（3）主讲向学生介绍科普读物《福田有片红树林》，学生阅读后可以了解到保护区里更多的野生动植物，欢迎大家未来继续来保护区探索、发现。学生按照小组顺序依次领取书籍，班级老师则组织学生上大巴车，主讲、助教与师生告别。

（六）评价

1. 主讲和助教进行活动复盘（40分钟）

主讲和助教根据教具器材清单一一清点物资，存放至指定位置，并根据活动复盘表完成复盘，回顾和反思在活动各个环节中出现的问题，梳理解决方案和总结教学经验，并记录下来。

2. 后测问卷收集（30分钟）

活动后一周内，工作人员联系班级老师继续收集学生的后测问卷，并每季度定期收集教师的活动反馈问卷。

十二、教学资源

（一）部分教学器材

教学活动包
（部分展示）

打卡单（部分展示）

生机勃勃的潮间带-打卡单

姓名： 打卡日期：

组号： 打卡地点：

嘘！一起走访4个潮间带村落，记得打✓，记录下你的观察哦！

蟹村

相手蟹

- ☐ 观察时，轻手轻脚、耐心等候
- ☐ 找到红树树根旁成片的洞穴
- ☐ 找到躲进洞穴里的相手蟹
- ☐ 找到正在进食树叶的相手蟹

耳螺

- ☐找到趴在树根旁或泥滩枯枝上的耳螺

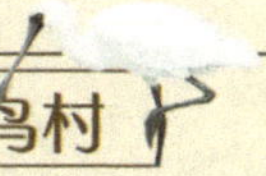

鸟村

水鸟、林鸟

- ☐ 找到1号鱼塘深水区正在游泳的鸟儿
- ☐ 找到2号鱼塘的浅滩上正在休息的鸟儿
- ☐ 找到停歇在树上的鸟儿
- ☐ 找到正在梳理羽毛的鸟儿
- ☐ 找到正在飞行的鸟儿
- ☐ 找到正在专心进食的鸟儿
- ☐ 找到鸟儿留下的痕迹（爪印、鸟粪等）
- ☐ 听到鸟儿的鸣叫声

鱼村

弹涂鱼

- ☐ 找到滩涂上成片的洞穴和水洼
- ☐ 找到正在摇头晃脑进食的弹涂鱼
- ☐ 找到正在打斗以捍卫领地的弹涂鱼
- ☐ 找到正在跳跃或翻滚以湿润皮肤的弹涂鱼

招潮蟹

- ☐ 找到红树树根附近的招潮蟹及洞穴
- ☐ 找到与弹涂鱼打斗的招潮蟹或其他螃蟹

*这里是红树村的边缘，记得打卡背面“海桑&无瓣海桑”哦！

想一想：

- ☐ 潮间带社区出现了哪些人类活动留下的痕迹？
- ☐ 人类活动对潮间带家族、红树林湿地产生了什么影响？

1/2

♫ 红树之歌

涨潮水里泡，退潮一脚泥。外表绿油油，破皮才变红。
树根开外挂，站稳会呼吸。最爱咸淡水，叶子也吐盐。
果实水边掉，天生会游泳。植物也胎生，宝宝树上挂。

红树村

*秋茄成长历程

海漆

□ 找到纵横交错的表面根

□ 不要触摸植物全身，有毒！

桐花树

□ 找到像小蜡烛的果实

□ 触摸叶子表面的盐液或盐粒

卤蕨

□ 找到叶子背面的褐色孢子囊群

***观鸟亭**

□ 找到保护区对面的香港和连接深港的深圳湾大桥

□ 找到城市海岸上的带状　“海岸卫士”

□ 找到远处滩涂上的鸟儿

□ 找到远处滩涂上矮小、圆圆的秋茄树

*这里是俯瞰“海上森林”红树林的最佳位置！

***海桑&无瓣海桑**

□ 找到成片的钻出滩涂的笋状呼吸根

□ 找到高高挂在枝头的花或果实

□ 找到漂在海面上或落在滩涂上的果实

*记得在鱼村完成我的打卡哦

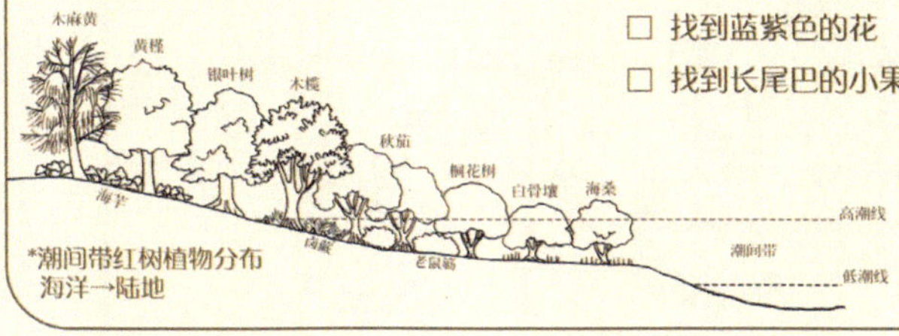

*潮间带红树植物分布
海洋→陆地

木榄

□ 找到变红的树皮

□ 找到长着红色萼片的花

□ 找到伸出泥滩的膝状根

□ 找到树上的胚轴或泥滩上的小树苗

□ 找到树根下的弹涂鱼、螃蟹和耳螺，或留下的痕迹

秋茄

□ 找到皇冠状萼片

□ 找到树上的小果实或胚轴

□ 找到支柱根或板状根

银叶树

□ 找到树上的绿色果实

□ 用力捏地上的褐色果实

□ 找到“红心”小花

□ 触摸叶背银灰色的叶子

□ 找到厚实的板状根

老鼠簕lè

□ 找到边缘光滑和边缘带刺的两种叶子

□ 找到叶子表面的盐液或盐粒

□ 找到蓝紫色的花

□ 找到长尾巴的小果实

潮间带环境特征
光：强烈
土：松软、高盐、缺氧
水：高盐、营养物质丰富
风浪：冲击大且频繁

为了人类与深圳湾红树林湿地的和谐共处，你可以做到：

□______________________________

□______________________________

2/2

福田红树林国家级自然保护区

福田红树林生态公园

村落图卡
（部分展示）

学习挂图
（部分展示）

图26　部分教学器材

（二）邀请信

亲爱的同学们：

你们好！我是来自深圳湾潮间带的弹涂鱼，听说你们近来功课很多，而我的日子一成不变。住在红树林潮间带的滩涂上需要我时刻小心翼翼。刚刚潮水退下去了，我终于可以出洞给你们寄信，应该也还来得及在滩涂上吃个饱餐、打个滚儿。

红树林潮间带虽然没有风景优美的碧浪沙滩，但是生活在滩涂上的原住民可不少，有时候我们也会闲聊。涨潮的时候，红树老兄就要开始泡澡了，耳螺老弟则老早就机智地爬到红树上休息。你问招潮蟹和相手蟹在干吗？当然是跟我一样，不是独自待在洞里，就是大群趴在红树或浮木上，等潮水退下去。不过，每年来深圳湾潮间带过冬的黑脸琵鹭就不一样了，它们喜欢追逐潮水线觅食，没有滩涂可站立时才去附近的鱼塘或红树林休息。想想我们，每天不是在躲避潮水，就是在躲避潮水的路上！但是潮起潮落间，潮间带才能保持生机勃勃。

有时候看着隔音墙外的车水马龙，我总想有人能来看看我们潮间带家族。如果你们能来，请记得悄无声息地来，有几个邻居怕喧哗。不要忘记穿着合适的长裤长袖和方便户外行走的鞋子，注意防蚊、防暑。一定要听从保护区主讲和助教的指引，在指定路线行进，注意安全。

期待你们的光临！

离你们不远的弹涂鱼

走进海上森林

教学场域

2

福田红树林生态公园

福田红树林生态公园（以下简称公园）是一座集“生态修复、科普宣教、旅游休闲”等功能为一体的、服务于公众的城市湿地公园。公园位于深圳湾东北部、新洲河与深圳河交汇的入海口，总面积约为38公顷。公园西临福田红树林国家级自然保护区，南邻深圳湾，与国际重要湿地香港米埔及内后海湾湿地毗邻，共同组成完整的深圳湾湿地生态系统。公园重要而独特的生态位置，使之成为深港两个保护区与城市之间的重要缓冲带，也是两地生物交流的生态廊道，常被称为“深圳湾的小钥匙”。

公园具有自身独特的自然与人文发展历史，生态修复等教育资源非常丰富。公园所在区域原为福田红树林国家级自然保护区的原生红树林和滩涂，自20世纪90年代开始，这里几度被开发为基围鱼塘、果林、运沙码头、高尔夫球场等，失去了本来面貌和原有的生态功能。自2015年开园以来，基金会受福田区政府委托负责公园的运营管理、生境提升和科普教育工作，并将公园划分为科普游览区、生态修复区和生态控制区，进行生态监测和分区生境管理。公园的生物多样性在过去5年得到显著提升，2020年记录到686种植物、1 012种昆虫、167种鸟类、9种两栖动物、18种爬行动物、6种哺乳动物等野生动植物，是城市野生动植物，尤其是湿地生物的重要栖息地。

公园的生态控制区于2020年被建设成为“第19届植物学大会纪念园”。生态控制区区域长期、持续推进红树林湿地修复工作，包括与米埔自然保护区联动进行外来红树物种无瓣海桑和海桑的清理，复种深圳湾本土红树植物，营造迁徙水鸟的越冬栖息地，以及控制陆地区域外来植物的入侵危害等。随着生态控制区生境的提升，陆续被监测到的珍稀物种包括豹猫、小灵猫和欧亚水獭等，生态修复成绩喜人。

公园为对外开放的市政公园，外部交通可达性高，内部交通和自然教育场地基本设施完备，且场地受到管控的限制少，便于开展公众参与等类型多样的自然教育活动。公园内部设有标识导视系统、红树林主题科普展馆、游乐空间自然力乐园、自然教育径、观鸟长廊、海绵城市设施、亲水平台、观景塔、科普教室、手工教室、观鸟屋、生态监测亭、木栈道等基础设施（图1）。

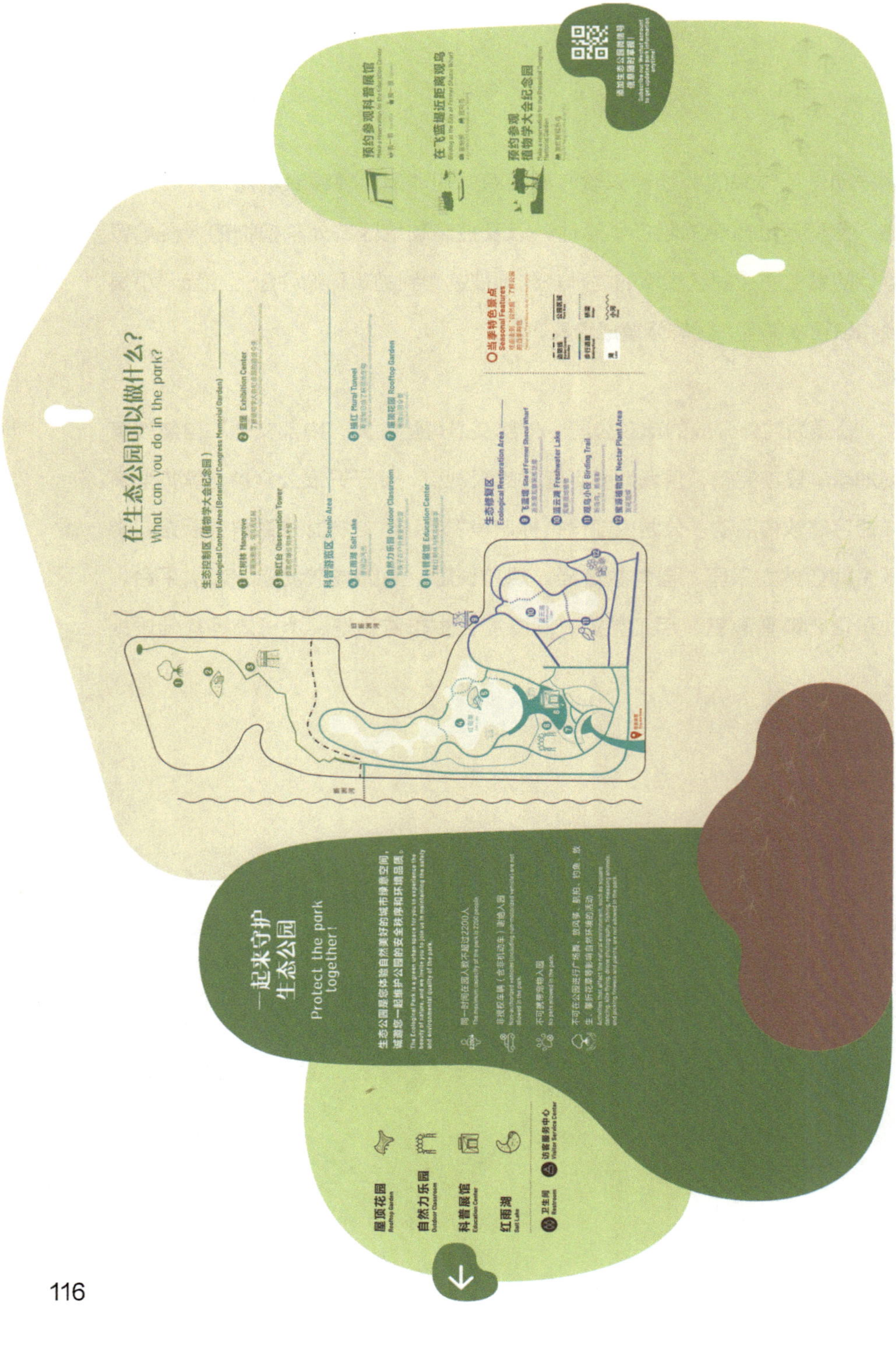
在生态公园可以做什么？
What can you do in the park?
一起来守护生态公园
Protect the park together!
屋顶花园
自然力乐园
科普展馆
红雨湖

图1 生态公园入园地图

第四课　寻找红树之旅

一、活动背景

20世纪90年代以前，福田红树林生态公园是一片天然的红树林湿地，作为福田红树林国家级自然保护区的一部分被保护起来，然而城市发展的需求改变了它的面貌，珍贵的湿地就此丧失。20多年后，轰隆隆的工程车又来到这里，这次不是破坏而是营造，一处城市湿地公园由此诞生。

我们常说最好的保护就是不破坏，因为人工修复很难恢复自然环境的原生状态。正如公园现在的科普游览区，失去了红树林生长所需的潮间带环境特征之后，不再适合红树植物的生长。不过，持续的湿地修复和生境管理工作也能在一定程度上恢复自然的生机。例如，在公园的生态控制区，湿地保育人员通过清理外来入侵植物、复种本土红树植物、营造水鸟栖息地等方式，让豹猫、小灵猫、欧亚水獭等哺乳动物再次回归。

与参与“走进海上森林”的一～三年级学生相比，参与“寻找红树之旅”的四～六年级学生对红树林的认知存在的差异不大，无论对红树林了解多少，大部分学生都较少有实地观察红树植物的经验。虽然与保护区成熟的本土红树林相比，生态控制区人工复种的红树林没有那么高大茂盛，还处于生长期。但只要仔细观察周围，你就能发现努力开花结果的红树植物，隐匿于红树林根部的底栖动物，或漫步其中的鸟儿，这正是我们想向学生展示的湿地生机与湿地保护行动的成效（图1）。另外，当你站在观景塔俯瞰深圳湾时，深圳河入海与沿岸蜿蜒的红树林尽收眼底，这也是我们想让学生了解的深圳城市特有的景观。

本活动通过带领学生走进红树林湿地生态修复区域，让学生有机会认识红树植物、近距离观察红树植物生长环境和了解生态修复工作，建立学生与红树林湿地之间的情感联结，进而产生持续关注、支持及参与红树林湿地保护的使命感。

图1 生态控制区的红树林湿地

二、活动简介

福田红树林生态公园的生态控制区因地理位置独特，经过一系列生态修复工作后重新成为红树林湿地动植物的家园和生物廊道。人工种植的红树植物生长于深圳河与新洲河入海口的潮间带，依然要面临潮间带特有的高盐、高温、潮水浸淹、缺氧等环境挑战。

红树爷爷（图2）邀请学生们帮助它寻访福田红树林生态公园里新生的红树林家族及家园，了解它们的生存状况。学生在主讲和助教的帮助下，先在科普展馆收集寻找红树的重要线索，然后根据路线图依次登上观景塔俯瞰寻找红树家园所在的河流入海口潮间带，一路观察红树植物为适应潮间带环境而演化出的形态和特征。最后通过红树林挑战赛再次回顾活动要点并揭晓红树爷爷的愿望——“红树家园，你我守护”，也认识到个人在日常生活中可以参与的、红树林湿地保护的相关行动。

图2　红树爷爷

三、活动对象： 四～六年级学生，45～55人。

四、学科领域： 小学科学生命科学领域，详见附录“课程一览表”。

五、教学时间： 3小时。

六、教学场地： 福田红树林生态公园科普展馆、生态控制区。

七、教学人员： 2名教学人员（主讲及助教各1名），4名助手（跟队老师或家长）。

八、教学目标

注： 1.“*”表示的是重要程度，“*”越多表示该板块目标越重要。
2.意识为较浅层的目标，可以不用明确设置，仅在无法达成知识、态度、技能、行动等深层目标时作为替代目标。

表1　教学目标

环境教育目标	四~六年级总目标	四~六年级分目标
年段总目标	学生通过室内讲解、户外观察了解红树林湿地的环境特征，认识常见红树植物对环境的适应特性，理解生态控制区的生态修复工作对于保护红树植物及其他红树林湿地动植物的重要性	
意识	略	略
知识	**** 1　知道潮间带为红树植物的生长提供了生存条件，也带来了挑战； 2　通过实地观察，认识3～4种常见红树植物及其适应环境的特性，并了解它们与其他动植物通过食物链传递物质与能量的过程； 3　能在观察过程中爱护和尊重红树林湿地的动植物，理解保护红树林湿地的重要性	**** 1-1　了解潮间带环境为红树植物的生长提供了空气、水、营养物质等； 1-2　了解潮间带环境的潮水冲刷、高盐、土壤松软等特征给红树植物带来的挑战； 2-1　通过形态特征辨识3～4种常见红树植物； 2-2　结合潮间带环境挑战，理解红树植物适应潮间带的特性； 2-3　了解红树植物与其他动植物的关系，并知晓物质与能量通过食物链传递； 3-1　理解保护红树林湿地对红树植物及其他动植物的重要性
态度	***** 4　运用五感观察，对红树植物和潮间带环境产生好奇心和兴趣； 5　通过实地观察，认识到生态公园的红树林湿地是红树植物及其他湿地动植物的重要家园	***** 4-1　亲近自然，欣赏红树和潮间带之美； 5-1　通过实地观察，认识到生态公园的红树林湿地是红树植物及其他湿地动植物的重要家园
技能	* 6　学会运用五感、分类、记录等户外观察方式	* 6-1　遵守户外动植物观察要求； 6-2　运用五感、小实验等观察方式了解生活在潮间带的红树植物
行动	* 7　能在日常生活中做出保护红树林湿地的行动	* 7-1　认识并能做到常见的红树林湿地保护行动

九、教学框架

表2 教学框架

教学环节	时间及地点	教学内容	对应的教学目标/作用
课前沟通和准备	活动前一周（班级教室）	收集前测数据； 阅读邀请信，告知参观任务及行前准备	执行教学评估，提升活动期待 6-1 遵守户外动植物观察要求
开场介绍	14：00—14：30（科普展馆门口）	欢迎师生，介绍主讲和助教，点名； 做好4个准备，现场确认助手职责； 介绍生态公园、活动路线	清点到场人员，确认人员均有保险和报备； 做好活动前准备； 增加对场地的认识； 了解活动全程安排和行为要求
热身及引入	14：30—15：15（科普展馆）	收集寻找红树植物与红树家园的五大线索； 说明实地考察的探索任务和行为要求	1-1 了解潮间带环境为红树植物的生长提供了空气、水、营养物质等； 1-2 了解潮间带环境的潮水冲刷、高盐、土壤松软等特征给红树植物带来的挑战； 2-2 结合潮间带环境挑战，理解红树植物对环境的适应特性； 2-3 了解红树植物与其他动植物的关系，并知晓物质与能量通过食物链传递
实地考察	15：15—16：05（生态控制区入口—观景塔—木栈道）	介绍生态控制区及分组考察安排； 俯瞰红树林家园； 探寻红树植物，完成探索任务	1-2 了解潮间带环境的潮水冲刷、高盐、土壤松软等特征给红树植物带来的挑战； 2-1 通过形态特征辨识3～4种常见红树植物； 2-2 结合潮间带环境挑战，理解红树植物适应潮间带的特性； 4-1 亲近自然，欣赏红树和潮间带之美； 5-1 遵守户外动植物观察要求； 5-2 通过实地观察，认识到生态公园的红树林湿地是红树植物及其他红树林湿地动植物的重要家园； 6-2 运用五感、小实验等观察方式了解生活在潮间带的红树植物
分享及总结	16：05—17：00（观鸟屋）	开展红树林挑战赛； 倡导红树林湿地保护行动； 返回科普教室	3-1 理解保护红树林湿地对红树植物及其他动植物的重要性； 7-1 认识并能做到常见的红树林湿地保护行动
评价	活动后一周内（科普教室，班级教室）	主讲和助教进行活动复盘； 收集后测评估问卷	积累教学经验； 执行教学评估

十、教学人员和器材

表3　教学人员和器材

人员 器材类别	主讲	助教	（班级）助手	学生
教学用具	**开场介绍：** 1个主讲教具袋 1份班级分组名单 1份A3生态公园地理位置图卡 1瓶驱蚊水 **热身及引入：** 1份探索任务单 5张线索卡 2瓶泥土 1张A3木榄树皮变红图片 1个水盒（装2/3的自来水） 1根木榄/秋茄胚轴 1个银叶树果实 1张A3桐花树和老鼠簕树叶泌盐图片 1张A3我们的约定图卡 **实地观察：** 1支激光笔 **分享与总结：** 1张挑战赛成绩KT板（提前写上红队、绿队） 2支不同颜色白板笔 1张红树挂图 3张红树家园守护卡片 **评价：** 1份电子版活动复盘表	**开场介绍：** 1个助教教具袋 1份活动现场确认表 1份保险名单 1瓶驱蚊水 **热身及引入：** 同主讲 **实地观察：** 4张红树植物信息牌（贴在木栈道芦苇屏障上） 1支激光笔 **分享与总结：** 1个布袋 18张问题卡片 1张活动横幅	**课前沟通与准备：** 1份课程教学指引 1份邀请信 1份课堂教学PPT 1份前后测问卷二维码 （电子版文件，可通过邮件发送） 1个布包 1个银叶树的果实 1根木榄/秋茄的胚轴或模型 1张桐花树树叶泌盐的图片（同PPT） 1张生态控制区红树林湿地图片（同PPT） （标本或模型，须邮寄到班级） **开场介绍：** 生态公园科普展馆路线指引图	**开场介绍：** 45～55个布包（1个坐垫，1份探索任务单） （学生可带走探索任务单，其他需回收）
着装	1个工作证（背贴微网页二维码） 1件户外工作服/志愿者马甲 1顶遮阳帽 1双户外/运动鞋	同主讲	1套浅色衣裤 1顶遮阳帽 1双运动鞋	1套长袖校服 1顶遮阳帽 1双运动鞋
个人随身物品	1支防晒霜（可选） 1瓶止痒膏（可选） 1把雨伞 1个水壶/水杯（非一次性塑料用品）	同主讲	同主讲	同主讲
其他	1个随身急救包及清单（弹性绷带、酒精降温贴、酒精棉片、肘形创可贴、蛇药、蜂药、普通宽胶带、牙膏、电解质饮料）	1个急救药箱（含清单及安全预案流程图） 1个随身急救包及清单 1桶饮用水及水嘴 1个大号教具袋 1份教具清单	无	无

十一、教学流程

（一）课前沟通与准备

完成活动预约申请后，班级老师将在户外活动前一周收到教学活动包，并根据教师指引和教学器材完成课堂教学。

1. 收集前测问卷（25分钟）

开展课堂教学前一天，请让家长或老师协助班级学生完成前测问卷。

2. 阅读邀请信，告知参观任务及行前准备（15分钟）

（1）班级老师为学生阅读红树爷爷的来信，说明即将要参观的地方是一个帮助红树植物和其他野生动植物修复家园的地方——福田红树林生态公园，参观任务是找出生态公园的红树植物和它们的家园——红树林湿地，并告知着装等行前准备要求。

（2）班级老师继续展示教学活动包中的标本、模型和图片，播放PPT，说明这些是红树爷爷提供的任务线索，包括邀请信中提到的红树林家族、红树林家园、红树爷爷家人们的信物。未来一周这些任务线索将会放在教室的一角，学生可以自己去观察、熟悉它们。班级老师同时给学生提出观察建议，如捏一捏褐色的果实，用手掌比一比胚轴的大小。请学生在接下来的一周里好好爱护它们，下周完好地归还（教学活动包见图24）。

（3）班级老师重申邀请信中的行前准备，强调活动当天要听从主讲和助教的指令才能顺利完成参观任务。

（二）开场介绍

户外活动前一天，工作人员与班级老师确认“教师行前检查清单”的所有事项均已完成。户外活动前2小时，主讲和助教一同完成着装确认、教学器材清点、教案备课、现场踩点，并与司机确认大巴车行程。

1. 欢迎师生，介绍主讲和助教，点名（5分钟）

（1）班级师生乘坐大巴车到福田红树林生态公园隧道口下车，并根据指引图步行至科普展馆（图3）。助教迎接师生，回收老师带来的资料，请学生在科普展馆门口站成8队、两组一列。

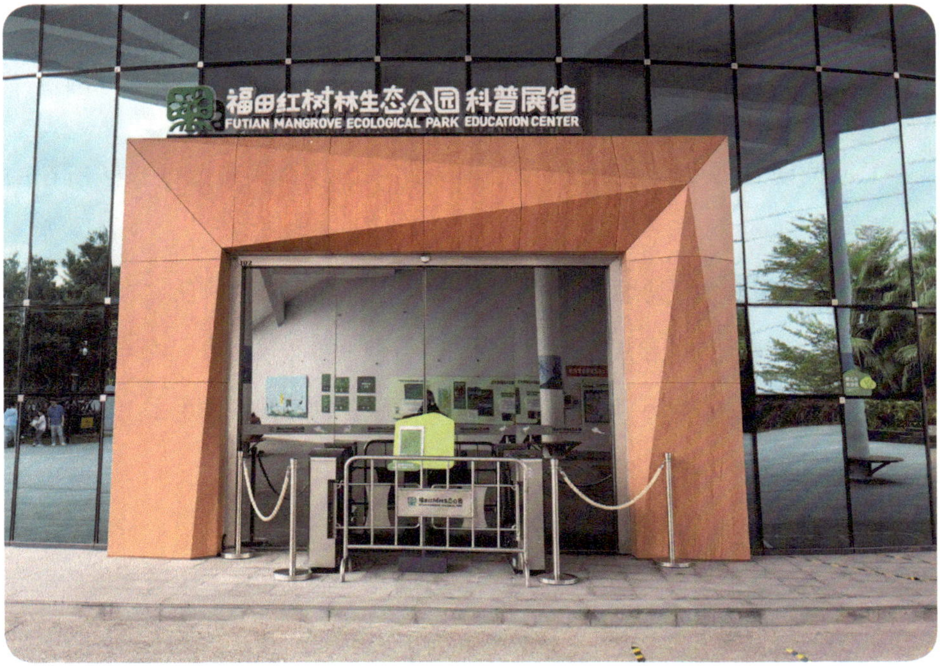

图3　科普展馆正门

（2）助教欢迎师生到访福田红树林生态公园参加“寻找红树之旅”活动，并介绍自己与主讲，说明两人受到红树爷爷的委托，将带领学生寻访红树爷爷生活在生态公园的家人们和修复后的红树家园。

（3）助教请班级老师协助点名，确认在场师生均已购买户外保险且报备身份信息。

2. 做好4个准备，现场确认助手职责（15分钟）

（1）助教说明正式活动前需要做4个准备，学生需要在10分钟内领取布包、接饮用水、去洗手间和喷驱蚊水，完成后回到原地。并向学生说明助手与主讲需要5分钟开现场确认会，请学生各自完成自己的4个准备，8位小组长协助召集组员集合。

（2）主讲与4位助手快速互相认识后，明确本场活动中助手的职责，并了解班级教学组织中使用的口号。

①每位助手需要全程跟进2个小组，助手必须避开自己的孩子所在的小组。

②助手在活动全程协助整队、维持纪律、在队伍行走时押队，时刻注意学生的状态和安全。如有异常情况一定要及时与主讲和助教沟通，共同处理。

③助手在活动各个环节协助发放物资。助教分物资到各助手手上，主讲给出指令后再分发给本组学生。

④助手在活动过程中协助适当拍照记录，每个活动环节拍摄1～2张学生积极参与活动、学生与老师的互动场景，以及合影。活动后统一发给联络的工作人员。

（3）10分钟后，主讲请助手与小组长协助清点人数、确认组员已做好4

个准备。所有人集合后，主讲再次与学生确认各组负责的助手，请学生有需要时及时向身边的助手求助。如有班级集合时秩序较差，主讲可练习整队的口令。

3. 介绍生态公园、活动路线（5分钟）

（1）主讲拿出生态公园地理位置图卡，向学生正式介绍生态公园的独特位置和重要的生态价值。说明福田红树林生态公园位于深圳湾入海口，连接起福田红树林国家级自然保护区和香港米埔自然保护区，让生活在福田保护区和米埔湿地的野生动植物们可以在深圳湾红树林湿地里自由活动，也作为福田保护区的缓冲带、帮助减少来自城市的人为干扰。同时介绍生态公园既为野生动植物修复家园，也为周围的社区居民提供游览和教育活动，说明生态公园是一所注重生态保护和科普教育的湿地公园。

（2）主讲重申学生此次的参观任务是探访红树爷爷的家人和他们的新家园，并向学生介绍探索任务单上的活动路线（图4）。说明大家目前所在的位置是科普游览区的科普展馆，稍后大家进入展馆了解寻找红树家园和红树植物必备的线索。接着，大家会穿过科普游览区到达生态控制区，进入生态控制区后，我们先到观景塔的顶层，俯瞰整个深圳湾，确认红树林家园的位置。然后，大家就可以沿着木栈道一路寻找红树植物，探索任务单可以帮助大家进一步了解遇见的每一位红树林家族成员和红树家园。最后，大家会在观鸟屋参加红树林挑战赛，回顾今天活动中学习的红树林小知识，了解红树林湿地保护行动。

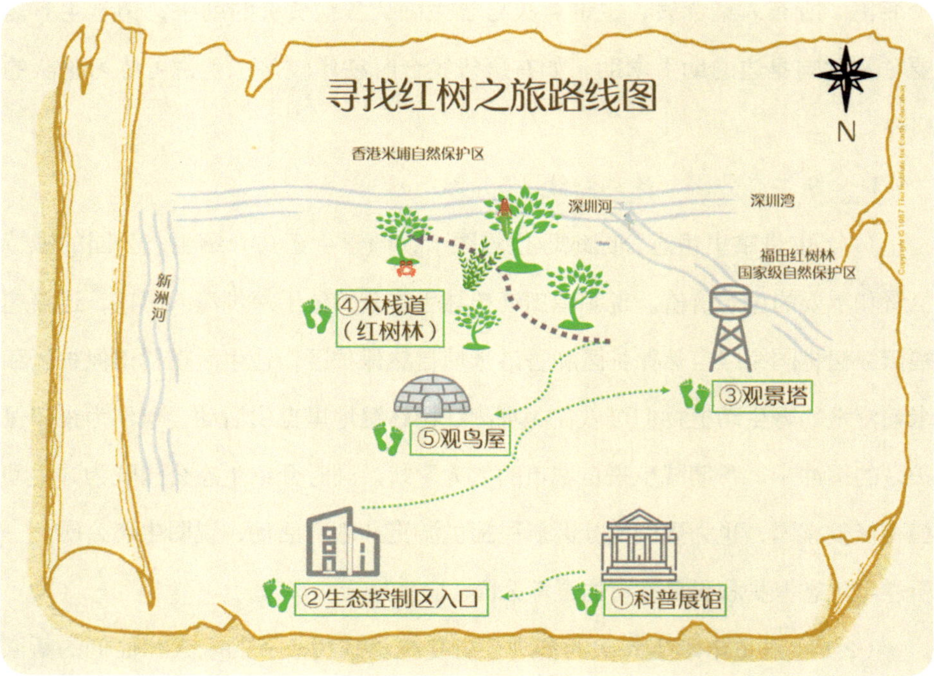

图4　寻找红树之旅路线

（三）热身及引入

1. 科普展馆线索收集（30分钟）

（1）主讲说明将要在科普展馆进行的线索收集任务，请学生收集寻找红树爷爷的家人和他们的新家园的重要线索，5条线索集中在科普展馆的“红树林世界”和“公园基址变迁历史”两个展区，学生需要先观看对应的展示品，并在科普展馆探索任务单上勾选自己认为正确的线索，随后主讲和助教会揭晓线索、展示线索卡片（探索任务单和线索卡见图24）。

（2）主讲说明科普展馆探索任务将分两小队进行，收集完所有线索后，两小队回到展馆正门集合。主讲带领1～4组从正门进入，路线为“红树林世界—公园基址变迁历史”；助教带领5～8组从后门进入，路线为“公园基址变迁历史—红树林世界”。主讲和助教的引导任务是为学生提供路线和线索相关展示内容的观察指引，注意要以第一个出现的线索为例，向学生示范完成任务的步骤与方法。

（3）学生在科普展馆的“红树林世界”可以寻找到的线索包括红树家园分布的区域与环境特征，红树林家族适应潮间带环境的主要特征，红树林家族与其他野生动植物邻居的关系。

①“红树林的分布”：主讲和助教引导学生发现地图上红树林出现的位置都在陆地与海洋交界的海岸边，观察沙盘上显示的红树林位于深圳城市边缘的滩涂上，并让学生比较来自陆地与滩涂的两管泥土的差异（图5）。提示学生完成第一个问题，勾选正确的线索。可适当补充，红树林家族生长在热带、亚热带河流入海口的潮间带滩涂上，涨潮时能够泡在海水里，退潮时又能稳稳站在滩涂上，有人说它们是水陆两栖植物，也叫它们“海上森林”，所以该区域的线索卡为“涨潮水里泡，退潮一脚泥”。

②“绿油油的红树林”：主讲和助教引导学生快速阅读文字，了解红树植物名称的由来，并展示木榄树皮变红的图片（图6）。可适当补充，有些红树植物体内富含单宁酸，树皮破损后接触到空气就会氧化变成暗红色，就像苹果咬过的部分过一段时间会变色一样。所以，该区域的线索卡为“外表绿油油，破皮才变红”。如果时间允许，可与学生互动本地方言——围头话中对红树植物的称呼，如“白茛”“红茛”“咸草”，这些名称都体现了本地村民们对红

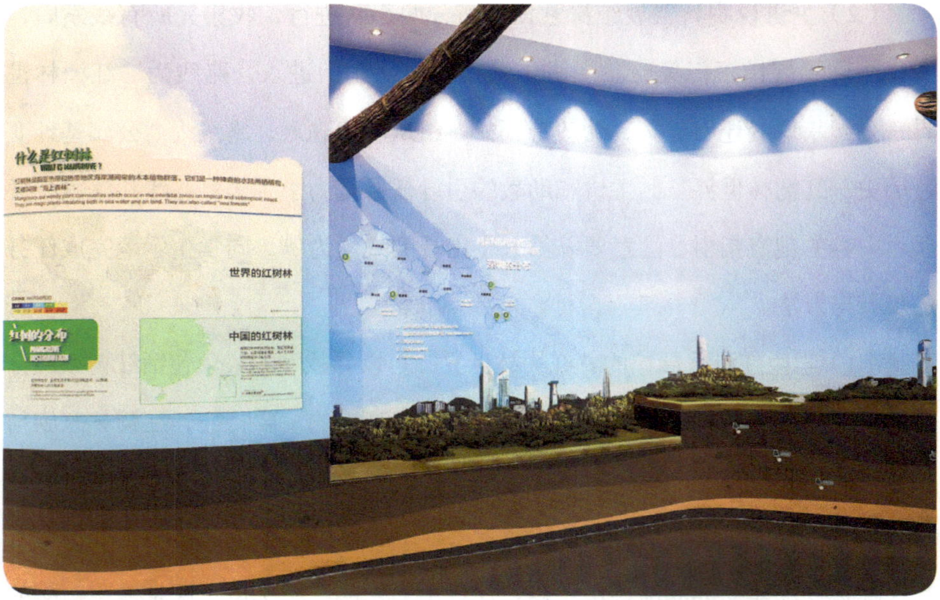

图5 科普展馆中“红树林的分布”展陈

树植物部分特征的观察和总结。

③“深圳湾红树林植物”：主讲和助教带领学生短暂路过，快速说明红树植物是一个植物群落，不只有一种植物，学生今天在户外会遇到的红树植物主要是桐花树、老鼠簕、木榄、银叶树（图7）。在潮间带滩涂生活不易，红树植物虽然获得了生长所必需的水、土、营养物质，以及阳光和空气，但是也要克服“高盐”“淹水”“波浪冲击”“土壤松软”等环境挑战，红树植物慢慢地进化出不同的适应能力，在滩涂上找到适合自己的位置并定居下来。

④“怀胎育子的植物”：主讲和助教引导学生阅读文字、观察秋茄胚轴生长过程图，并展示水盒中漂浮着的木榄或秋茄的胚轴及银叶树的果实（图7）。

图6　科普展馆中“绿油油的红树林”展陈

可适当补充，有些红树植物为了繁殖更多的后代，树妈妈会让果实一直挂在树上吸收和积累营养，直到长出小棒子似的胚轴才让它们掉下去，就像人类妈妈怀胎育子一样。假如正好遇上海水，胚轴还会像其他红树植物的果实一样“游泳”，只要到达合适的滩涂就会迅速扎根。所以该区域的线索卡是“‘胎生’胚轴树上挂，果实天生会游泳”。

⑤“为自己带盐”：主讲与助教引导学生阅读文字，并展示桐花树和老鼠簕叶片泌盐的图片（图7）。可适当补充，河流入海口的海水与河水混合成咸淡水，红树植物生长需要其中的淡水，但是多余的盐分就需要排出来，如通过树根拒盐、树叶泌盐，或者聚集盐分在老叶上“丢盐”。所以，该区域的线索卡是“最爱咸淡水，植物也控盐”。

⑥“开了外挂的根”：主讲与助教引导学生观看互动视频、观察3个根部模型（图7）。可适当补充，红树植物的树根是露出滩涂的，风吹浪打时，像八爪鱼一样牢牢抓住泥土的支柱根、像木板一样向上竖起的板状根会帮助支撑；涨潮时，向上生长的呼吸根会帮助呼吸。红树植物常常为滨海城市抵挡风浪，也被称为“海岸卫士”。所以，该区域的线索卡为“根在地上长，‘站’稳会呼吸”。

⑦“红树林湿地的食物网”：主讲和助教带领学生从“支柱根”形状的门进入，此处停留时间为1～2分钟，请主讲快速介绍知识点，说明红树林为众多红树林湿地生物提供栖息的家园，不同的生物通过吃与被吃的关系传递着物质与来自太阳的能量（图8、图9）。它们也会以其他方式产生联系，如招潮蟹在红树植物根部附近挖洞可以帮助植物呼吸。

⑧“衣食住行”“深圳湾的变迁”：主讲和助教引导学生阅读沙嘴村民的

图7　科普展馆中“深圳湾红树林植物”“怀胎育子的植物”“为自己带盐”“开了外挂的根”展陈

衣食住行与红树林的关系，以及互动展示深圳湾1979—2018年海岸线发生的变化（图10、图11）。可适当补充，深圳湾红树林是人类与红树林湿地生物们共同的家园，沙嘴村村民的衣食住行离不开红树林，红树家园因深圳湾的填海开发遭到破坏，而生态公园的建立则开始了红树家园的修复之路，红树爷爷的家人们陆续入住这里的新家园。

2. 说明实地考察的探索任务和行为要求（20分钟）

（1）所有学生在科普展馆正门集合，主讲说明学生在实地考察中，需要在路线图上将红树家园的位置和区域标注出来，并在探索任务单上以打钩或图文等方式记录4种红树植物的状况，以及滩涂上的其他发现，以完成红树爷爷委托

图8 科普展馆中“红树林湿地的食物网”入口

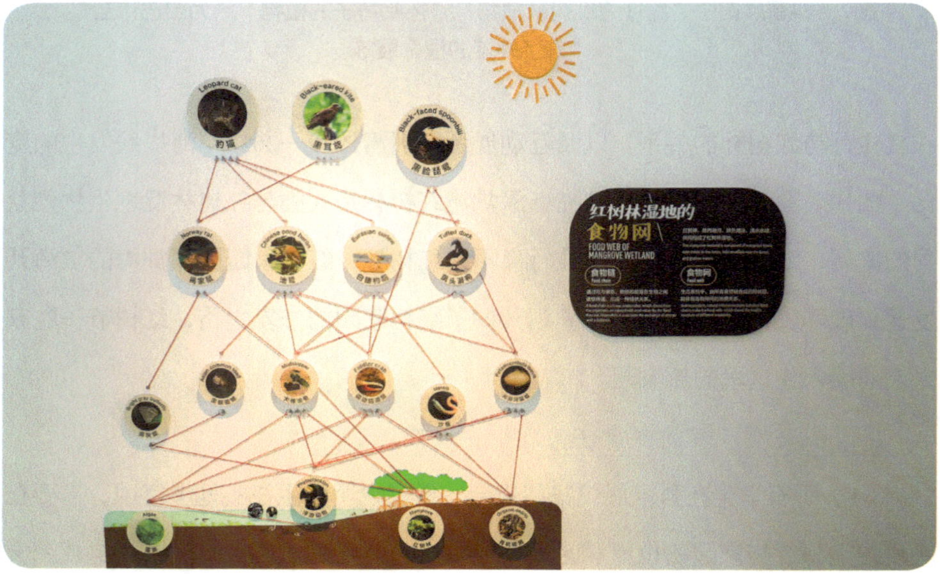

图9 科普展馆中“红树林湿地的食物网”展陈

图10　科普展馆中“衣食住行”展陈

图11　科普展馆中“深圳湾的变迁”展陈

的任务。最后请学生填好自己的姓名和组号，以及本次考察的时间和地点。

（2）主讲重申生态公园不仅是社区居民游览的地方，更是野生动植物们的重要家园，红树爷爷希望与大家共同达成以下约定，做一名合格的访客。

①在科普游览区，尽量降低音量、靠右行走，不影响其他访客。

②在生态控制区要保持安静，走在指定的道路上，不惊扰动植物。

③没有主讲和助教的允许，不随意触碰园内的动植物和鸟粪，保证自身安全。

④垃圾随身带走，不污染动植物家园。

⑤紧跟队伍，不超过也不落后，团进团出。

（3）主讲请学生准备好前往下一站生态控制区，提醒学生将所有物品放进布包。如有需去洗手间、接饮用水的学生，可给出3分钟时间，先到齐的小队可以先出发。请各小组长和助手协助组织本组学生集合、清点人数，行进途中请一名助手在队列后押队，另一名助手在队列中部，负责押队和维持秩序。

（四）实地考察

1. 介绍生态控制区、说明分组考察安排（5分钟）

（1）主讲在生态控制区入口向学生简要介绍生态控制区，说明公园的生态控制区在第19届国际植物学大会之后被建立为纪念园，作为公众了解植物科学的平台。

（2）主讲向学生说明接下来继续分两小队行动，主讲带领1～4组，助教带领5～8组，任务完成后在观鸟屋集合。两条路线分别为“观景塔—木栈道—观鸟屋”和“木栈道—观景塔—观鸟屋”。主讲再次提醒学生即将进入生态控制区，请学生列队进入，轻声缓步、保持安静。

2. 俯瞰红树家园（15分钟）

（1）主讲、助教带领小队学生登上观景塔，提示学生新洲河、深圳河和深圳湾的位置，请学生在5分钟内根据路线图找到红树家园的位置与区域，并在路线图上标注出来（图12）。5分钟后，指出红树家园位于新洲河与深圳河入海口、深圳湾沿岸的潮间带滩涂上，包括生态控制区对岸的香港米埔自然保护区和右侧的福田红树林国家级自然保护区，以及生态控制区木栈道两侧。红树林家族像一条绿色的带子蔓延在深圳湾的潮间带滩涂上，涨潮时它们泡在水里，退潮时“站”在滩涂上。

（2）主讲、助教引导学生发现红树植物的高矮差异，说明红树林湿地生态修复工作。保护区的红树林多为原生红树林，植被较高且整齐。零散分布的高大植物为外来红树植物无瓣海桑，因为它长得过高、过快挤占乡土红树植物

图12　学生在观景塔俯瞰红树家园

的生长空间且侵占滩涂上鸟儿的“食堂”，深圳与香港两边都对无瓣海桑进行了清理。木栈道两旁矮小的植物主要是人工复种的红树植物，也就是红树爷爷关心的入住新家园的红树林家族。

（3）主讲、助教请学生带好随身物品，前往木栈道近距离探寻红树植物。

3. 探寻红树植物，完成探索任务（25分钟）

（1）主讲、助教引导学生根据木栈道上的红树植物信息牌，依次找到桐花树、银叶树、木榄和老鼠簕4位红树林家族成员的位置，在探索任务单上记录它们的生长状况，如出现花、果实、胚轴、破损树皮或泌盐树叶等则打钩。同时，注意观察树根下、滩涂上可能出现的动物或海漂垃圾，如有则记录下来（图13）。主讲、助教可用激光笔帮助指示植物的位置（红树植物信息牌见图24）。

图13 学生观察木栈道下的红树植物

①桐花树（图14）：此处桐花树较低矮，成片生长在木栈道下，可引导学生蹲下观察花和果实。

图14　果实累累的桐花树

②银叶树（图15）：此处银叶树较瘦小，可引导学生观察花和果实，补充说明因其树叶背部为银色而得名。

③木榄（图16）：此处两株木榄距离木栈道较远，其中一株较易观察到挂满枝头的胚轴。

④老鼠簕（图17）：此处老鼠簕成片生长，可引导学生观察花和果实，补充说明“簕”指的是树叶边缘的刺。

图15　正在开花的银叶树

图16　挂满花蕾的木榄

图17　肆意生长的老鼠簕

（2）主讲、助教带领学生到达木栈道尽头（图18），给学生5分钟时间等待并观察可能出现的红树林家族的邻居——黑脸琵鹭、弹涂鱼等动物（图19～图21）。5分钟后集合队伍前往观鸟屋。

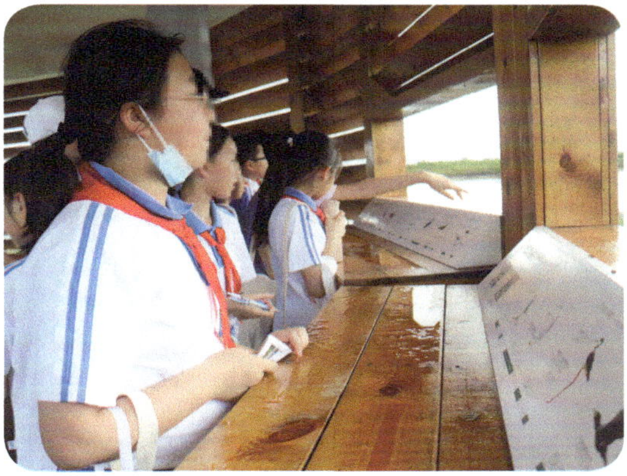

图18　学生在木栈道尽头观察湿地生物

图19　潮间带泥滩

图20 正在觅食的黑脸琵鹭

图21 不断跳跃的弹涂鱼

（五）分享及总结

1. 开展红树林挑战赛，回顾五大线索（25分钟）

（1）主讲、助教分别带领队伍到达观鸟屋，提醒学生拿出坐垫坐下休息、补水。随后，主讲请各小组围坐成一个圈，与学生快速分享观察环节的收获，询问学生遇见了几种红树林家族成员、观察到几种线索、猜猜红树爷爷可能在哪里。

（2）主讲向学生正式介绍红树林挑战赛，并说明参与规则。所有学生分成红绿两小队参与问答，两小队轮流派出一位代表从助教的布袋里抽取一道题目，代表念出题目及答案选项，每个小队有1分钟时间进行讨论，到时间后由代表告诉主讲一个确定的答案选项。主讲公布答案，如答对，该小队可赢得一个汉字；如答错，则对方小队赢得一个汉字。这8个字就是红树爷爷对大家参与此次活动后的愿望，最先赢得8个汉字的小队获胜，比赛也随之结束（问题卡片见图24）。

（3）主讲重申两小队要争取答对题目赢得汉字，看谁最先解锁红树爷爷的8字"箴言"。并补充说明挑战赛的重要提醒：第一，挑战赛期间不能翻看探索任务单，请大家将任务单放入布包；第二，在观鸟屋内仍需控制音量，建议大家用双指鼓掌以庆祝答题正确。

（4）主讲宣布红树林挑战赛正式开始，助教请各小队代表抽题并念出，小队讨论后亮出答案，主讲在挑战赛成绩板上写出红绿两队所赢得的汉字，如此直到"红树家园，你我守护"8个汉字都被解锁，主讲宣布该小队获胜。助教在每轮答题后回收问题卡片，注意区分已答问题和未答问题。以下是参考题目与答案。

①水陆两栖的红树林家族一般生长在什么地方？A.潮间带滩涂　B.陆地（答案A，对应红树林的分布）

②绿油油的红树林为什么被称为“红树”？A.因为树皮是红色的　B.因为树皮破了会变红（答案B，对应红树植物名称的由来）

③红树林里只有一种红树植物，是真的吗？A.真的　B.假的（答案B，对应红树植物是一个植物群落，不是由单一物种构成的）

④潮间带为红树植物提供了生长必需的条件，也给它们的生存带来挑战，是真的吗？A.真的　B.假的（答案A，对应潮间带滩涂与红树植物之间的关系）

⑤以下哪个选项是红树植物在潮间带滩涂生存面临的挑战？A.长时间泡在海水里　B.河流入海口营养丰富（答案A，对应环境挑战）

⑥为了繁殖更多的后代，以下哪一个是红树植物进化出的生存智慧？A.胎生幼苗树上挂　B.果实天生不会游（答案A，对应红树植物的胎生现象）

⑦为了防止体内盐分过多，以下哪一个是红树植物进化出的生存智慧？A.通过树叶分泌多余盐分　B.一口水都不“喝”（答案A，对应红树植物对高盐的适应机制）

⑧以下哪一种是红树植物在潮间带滩涂“喝”的水？A.以河水为主的淡水　B.河水与海水混合的咸淡水（答案B，对应红树植物的生长环境）

⑨红树植物各自配备了超强根系，以下哪一种根系主要起呼吸作用？A.支柱根　B.呼吸根（答案B，对应红树植物的根系特征）

⑩红树林家族为什么会被称为“海岸卫士”？A.因为它们能吸收和净化污染物　B.因为它们能防风浪护堤岸（答案B，对应红树植物的根系特征以及生态功能）

⑪红树林家族因为涨潮时能够泡在海水里而被称为“海上森林”，是真的吗？A.真的　B.假的（答案A，对应红树植物的生长环境）

⑫红树林湿地的丰富营养与食物吸引了弹涂鱼、招潮蟹、水鸟等生物入住，是真的吗？A.真的　B.假的（答案A，对应红树林湿地的生态功能）

⑬红树林湿地的生物们通过食物链和食物网传递物质与能量，是真的吗？A.真的　B.假的（答案A，对应红树林湿地的食物网）

⑭沙嘴村过去的衣食住行都离不开红树林，是真的吗？A.真的　B.假的（答案B，对应公园基址历史）

⑮福田红树林生态公园连接了哪两个地方的生物廊道？A.福田红树林国家级自然保护区和深圳湾公园　B.福田红树林国家级自然保护区和香港米埔自然保护区（答案B，对应生态公园的独特地理位置）

⑯深圳湾的红树家园被破坏的主要原因是什么？A.环境污染　B.填海开发（答案B，对应深圳湾的变迁）

⑰福田红树林生态公园是一所注重生态保护和科普教育的湿地公园，是真的吗？A.真的　B.假的（答案B，对应公园基址历史）

⑱生态公园的红树家园位于哪里？A.新洲河与深圳河入海口　B.新洲河河道（答案A，对应红树家园位置）

（5）主讲宣布红树林挑战赛结束，并指出红树林湿地就是红树林的家园，也是红树林湿地的其他野生动植物的家园，保护红树林湿地需要大家一起参与。红树林挑战赛也可配合“走进海上森林”的红树挂图使用，便于学生集中理解五大线索（图22）。每当与五大线索对应的题目出现时，主讲可打开挂图的相应位置并重复线索卡上的文字。

图22 学生在观鸟屋回顾红树植物五大线索

2. 倡导红树林湿地保护行动（10分钟）

主讲询问学生如何参与保护红树林湿地，并展示红树家园守护卡片，说明学生可以做到的保护行动，请学生记录在探索任务单上。卡片正面是红树林湿地面临的问题，背面是红树林湿地保护行动建议。保护行动建议包括个人日常行为要求、公众参与的保护行动和保育人员的专项修复工作（红树家园守护卡片见图24）。

问题一：如何减少来自城市的生活垃圾和污水对红树林湿地的威胁?

保护行动建议：①你可以做到：在日常生活中减少一次性塑料的使用，做好垃圾分类，不产生塑料垃圾，也不让塑料垃圾散落在自然中。②你与家人一同可以做到：在日常生活中主动清理深圳湾公园海岸的塑料垃圾，以减少漂浮到生态公园生态控制区的垃圾数量。

问题二：如何让更多人了解、关注和支持红树林湿地保护?

保护行动建议：①你可以做到：在日常生活中用绘画、文字或音乐记录今天的经历，并分享给身边的家人或朋友。②你可以做到：在日常生活中主动邀请家人、朋友一起参观和了解红树林湿地，参与净滩等红树林湿地保护行动。

问题三：如何减少外来物种入侵对红树林湿地的威胁?

保护行动建议：①你可以做到：不在生态公园放生家养动物。②你与家人一同可以做到：参与生态公园生态控制区的外来入侵植物——鬼针草的清理活动。

3. 合影，返回学校（20分钟）

（1）主讲请学生收拾好随身物品，小组集合后一同离开生态控制区、返回科普展馆门口。学生列队站好，主讲请4位助手协助回收、清点所负责小组的布包和坐垫，与助教确认数量后放入对应的收纳箱。随后介绍和发放科普读物《福田有片红树林》，让学生通过阅读继续探索、了解红树林湿地。

（2）助教拿出横幅，与班级老师协助组织学生合影（图23）。主讲、助教与师生告别，师生乘坐大巴车返回学校。

（六）评价

1. 主讲和助教进行活动复盘（40分钟）

主讲和助教根据教具器材清单一一清点物资，存放至指定位置。并根据活动复盘表完成当场活动的复盘，回顾和反思活动各个环节中出现的问题，梳理解决方案和总结教学经验，并记录下来。

2. 后测问卷收集（30分钟）

活动后一周内，工作人员联系班级老师继续收集学生的后测问卷，并每季度定期收集教师的活动反馈问卷。

图23 活动后师生合影

十二、教学资源

（一）部分教学器材

教学活动包
（部分展示）

科普展馆用教具
（部分展示）

线索①：涨潮水里泡，退潮一脚泥
线索②：外表绿油油，破皮才变红
线索③：“胎生”胚轴树上挂，果实天生会游泳
线索④：最爱咸淡水，植物也控盐
线索⑤：根在地上长，“站”稳会呼吸

寻找红树之旅-科普展馆探索任务单

姓名：　　　　组号：
日期：　　　　地点：

1. 请在科普展馆的“红树林世界”收集户外探索的五条线索，用○标注出正确的线索。

科普展馆分区示意图

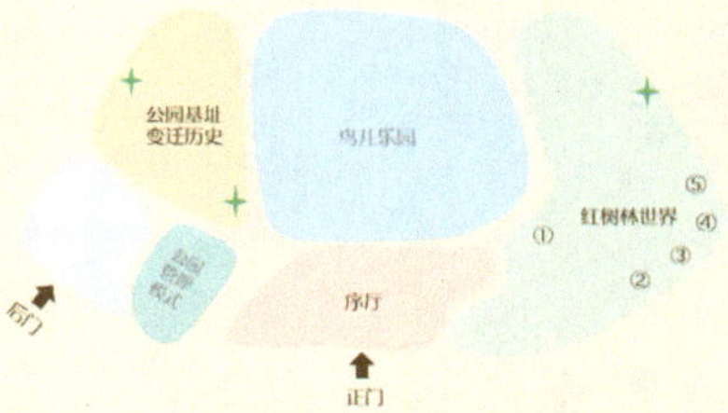

①红树林的分布 你在红树家园看到红树林家族的状况是：	涨潮水里泡	退潮一脚泥	时刻泡水里
②绿油油的红树林 红树林家族名称由来是：	外表绿油油	外表红彤彤	破皮才变红
③怀胎育子的植物 红树林家族适应潮间带的繁殖方式是：	“胎生”胚轴树上挂	果实天生会游泳	果实天生不会游
④为自己带盐 红树林家族适应潮间带高盐环境的生存智慧是：	只爱咸海水	最爱咸淡水	植物也控盐
⑤开了外挂的根—红树林家族适应潮间带松软土壤和波浪冲击的生存智慧是：	根在地上长	“站”稳会喝水	“站”稳会呼吸

2. 请收集散落在“红树林世界”和“公园基址变迁历史”的✦，将你了解的更多信息写在下方空白处。

1/2

生态控制区用教具（部分展示）

寻找红树之旅-户外探索任务单

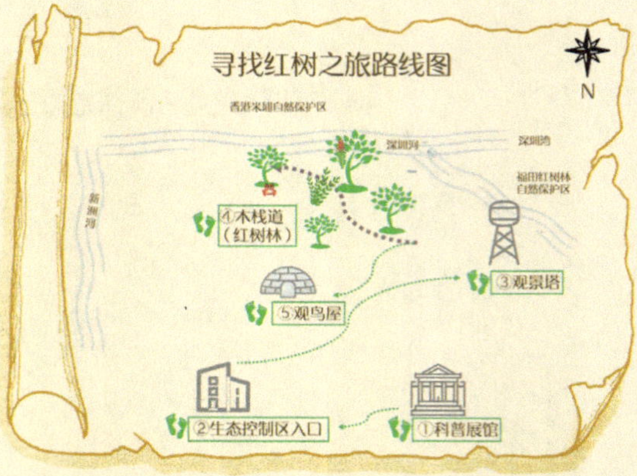

3. 在观景塔上寻找红树家园，用○在右图上标记出红树家园的所在区域。

4. 在木栈道两侧找找看，你能在潮间带滩涂观察到以下四种红树植物的哪些特征？用○标记出相应的特征图片。

5. 在潮间带滩涂上，你还看到了什么？请画在滩涂上。

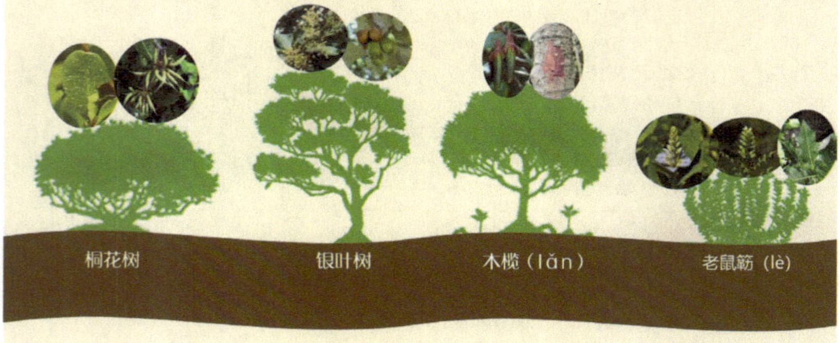

6. 你可以做到哪些红树林湿地保护行动？请写在下方横线上。

① ______________________________

② ______________________________

2/2

生态控制区用教具
（部分展示）

木榄（lǎn）

小提示：
太挤了看不到？
下一个“窗口”也能看到哦

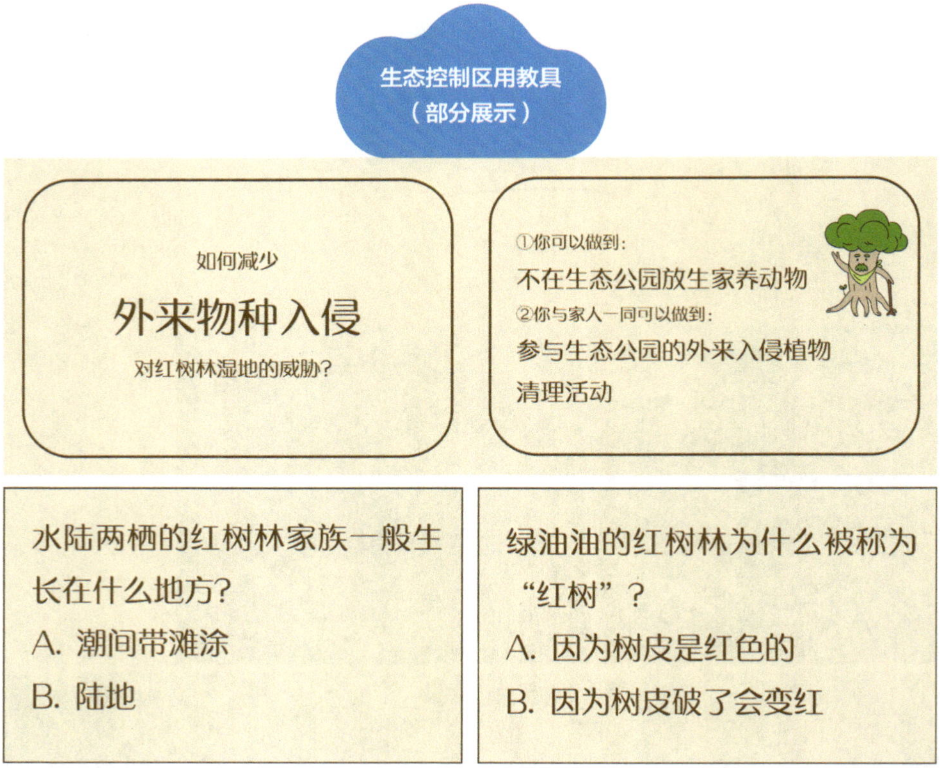
生态控制区用教具
（部分展示）
如何减少
外来物种入侵
对红树林湿地的威胁？
①你可以做到：
不在生态公园放生家养动物
②你与家人一同可以做到：
参与生态公园的外来入侵植物
清理活动
水陆两栖的红树林家族一般生长在什么地方？
A. 潮间带滩涂
B. 陆地
绿油油的红树林为什么被称为“红树”？
A. 因为树皮是红色的
B. 因为树皮破了会变红

图24　部分教学器材

（二）邀请信

亲爱的同学们：

我是红树爷爷，这是一封求助信，我希望得到你们的帮助！

你们也许在海边见过一片奇特的“海上森林”，它们扎根在潮水往来的潮间带滩涂上，弹涂鱼、招潮蟹是它们的邻居，候鸟每年来它们家里做客，身后的城市依靠着它们抵挡狂风巨浪。

它们就是红树林，我就来自红树林家族。深圳湾的海岸潮间带是我们红树林家族在福田的最后一个老家，也是我们最重要的家园。科学家们为了壮大我们红树林家族，在曾经被破坏的海岸潮间带上修复红树林湿地、重新种上红树植物。我很想知道新的红树家园还舒适吗，新生的红树林家族成员们过得还好吗，但是我身处红树林保护区深处，所以非常需要你们的帮助！

聪明、细心又有责任感的同学们，带上这封信去福田红树林生态公园吧，那里会有主讲和助教帮助你们探访修复后的红树家园以及新生的红树林家族成员，协助你们完成探索任务。请一定要听从主讲和助教的指引哦。

来的时候，请一定要穿上舒适的运动鞋，尽量选择与自然颜色相近的、适合户外活动的长衣长裤。同时要注意防暑、防蚊，带好充足的水和一支记录用的笔，尽量不使用一次性塑料瓶。

希望你们尽快出发！

等待你们帮助的红树爷爷

2021年12月

第五课　湿地生命力

一、活动背景

湿地是陆地与水体相互作用而形成的独特生态系统，兼具陆地生态系统和水生生态系统的特征。《关于特别是作为水禽栖息地的国际重要湿地公约》将陆地上所有天然或人工、永久或暂时、流动或静止、淡水或咸水的水体及其沿岸地区，以及低潮时水深不超过6米的海岸，称为“湿地”，以期将迁徙水鸟的生境纳入湿地管理。一般而言，湿地组成的3个关键要素是水、湿地土壤和适应湿地生活的湿地物种，多样的湿地物种在一定程度上反映了湿地的生命力，湿地物种的多样性也赋予城市来自自然世界的活力与野趣。

福田红树林生态公园是一座肩负保护生物多样性及其栖息地使命的城市湿地公园，这与一般的城市市政公园有所区别。该公园根据自然条件和周围环境进行分区管理，包括科普游览区、生态修复区和生态控制区，生境管理力度逐步加大。经过多年的湿地生境管理工作，生态控制区修复后的红树林湿地再次监测到豹猫、小灵猫、欧亚水獭等湿地重要生物的活动痕迹，为福田红树林国家级自然保护区与香港米埔自然保护区的湿地生物恢复了生态廊道。生态修复区和科普游览区营造的人工湖泊不仅为生存空间破碎且有限的城市湿地生物提供了栖息地和移动的“踏脚石”，也减缓了城市对保护区的影响。

三～六年级学生已在校园内进行过常见动植物的观察和记录实践，了解了公园的湖泊具有美化环境的作用，但是一般较少有机会实地观察社区、公园的人工或自然湖泊的生物多样性状况，也没有意识到喂食或放生等行为对湿地生物的影响。我们希望向学生展示，生态公园红雨湖（图1）作为人工湿地也是

图1　生态公园红雨湖风光

众多湿地生物的家园，人类活动也可以有尊重和保护湿地及其生物多样性的取向。

本活动通过为学生提供一次实地调查生态公园红雨湖的生物多样性状况的机会，帮助学生认识常见湿地生物及其多样的栖息环境，理解人工湿地对城市生物多样性的支持作用，知道人类活动对红雨湖生物多样性的影响，认同生态公园的湿地修复工作和访客行为要求。

二、活动简介

福田红树林生态公园的红雨湖作为一处人工的咸淡水湖泊湿地，经过多年的湿地管理，成为众多城市湿地生物的栖息地或移动的“踏脚石”。

学生通过学习湿地生命力的构成和户外调查方法，实地考察红雨湖美妙风光背后蓬勃的生命世界，并与小组成员一同完成红雨湖湿地生命力报告，了解红雨湖湿地的生命力所在，以及保持生命力的方法。

三、活动对象： 四～六年级学生，45～55人。

四、学科领域： 小学科学生命科学、地球与宇宙科学领域，详见附录“课程一览表”。

五、教学时间： 3小时。

六、教学场地： 福田红树林生态公园北区。

七、教学人员： 2名教学人员（主讲及助教各1名），4名助手（跟队老师或家长）。

八、教学目标

注： 1.“*”表示的是重要程度，“*”越多表示该板块目标越重要。
2.意识为较浅层的目标，可以不用明确设置，仅在无法达成知识、态度、技能、行动等深层目标时作为替代目标。

表1 教学目标

环境教育目标	四~六年级总目标	四~六年级分目标
年段总目标	学生通过实地调查生态公园红雨湖的生物多样性状况，能认识常见湿地物种及其不同的栖息环境，理解湿地对城市生物多样性的支持作用，知道人类活动对红雨湖生物多样性的影响，认同生态公园的湿地修复工作和访客行为要求	
意识	略	略
知识	*** 1 能认识生态公园红雨湖的常见湿地生物及其栖息环境； 2 能知道人类活动对红雨湖生物多样性的影响	*** 1-1 通过实地观察和记录，能认识红雨湖常见湿地生物及其栖息环境； 2-1 通过实地观察、小组讨论等方式，能知道不合理的人类活动对红雨湖生物多样性的影响； 2-2 能了解生态公园的湿地修复工作和相关的访客行为要求
态度	**** 3 能欣赏湿地生物及湿地的美好，初步形成保护意识和意愿； 4 能理解湿地对城市生物多样性的支持作用	**** 3-1 在实地观察的过程中，能遵守行为要求，尊重和爱护红雨湖的湿地生物及其栖息环境； 3-2 通过实地探索，能对湿地生物及湿地产生好奇心和兴趣，初步形成保护意识和意愿； 4-1 通过观察、记录和小组讨论等方式，能意识到红雨湖是众多湿地生物的家园； 4-2 通过小组讨论等方式，能理解湿地对城市生物多样性的支持作用
技能	* 5 能根据老师的引导，学会使用观察、记录、分析等方法，初步掌握调查湿地生物多样性状况的简单方法	* 5-1 通过老师引导、小组合作等方式，学会使用工具进行实地观察、记录和分析红雨湖的生物多样性状况； 5-2 通过收集资料、小组讨论等方式，初步分析红雨湖周边人类活动对生物多样性的影响
行动	** 6 呼吁身边的家人、朋友保护湿地，尝试调查校园或社区的湿地生物多样性状况及保护现状	** 6-1 呼吁身边的家人、朋友保护湿地，分享个人能做的保护行为； 6-2 与家人或朋友一同调查身边的一处湿地，了解其生物多样性状况及保护现状

九、教学框架

表2 教学框架

教学环节	时间及地点	教学内容	对应的教学目标/作用
课前沟通和准备	活动前一周（班级教室）	收集前测画图资料，阅读邀请信，告知学生任务线索与行前准备要求	收集前测数据，提升期待，做好行前准备
开场介绍	14：00—14：15（科普教室）	欢迎师生，介绍主讲和助教	呼应邀请信，清点人数，活动基础信息介绍
热身及引入	14：15—15：00（科普教室）	介绍生态公园的地理位置和“前世今生”，以及活动路线，介绍生态公园的两种代表性湿地及湿地物种，介绍如何进行红雨湖湿地生命力调查	1-1 通过实地观察和记录，能认识红雨湖常见湿地生物及其栖息环境
实地考察	15：00—16：00（红雨湖周边）	实地考察红雨湖湿地生命力	1-1 通过实地观察和记录，能认识红雨湖常见湿地生物及其栖息环境； 2-1 通过实地观察、小组讨论等方式，能知道不合理的人类活动对红雨湖生物多样性的影响； 3-1 在实地观察的过程中，能遵守行为要求，尊重和爱护红雨湖的湿地生物及其栖息环境； 3-2 通过实地探索，能对湿地生物及湿地产生好奇心和兴趣，初步形成保护意识和意愿； 4-1 通过观察、记录和小组讨论等方式，能意识到红雨湖是众多湿地生物的家园； 5-1 通过老师引导、小组合作等方式，学会使用工具进行实地观察、记录和分析红雨湖的生物多样性状况
分享及总结	16：00—17：00（科普教室）	小组内分享调查体验，共同完成红雨湖湿地生命力图。介绍红雨湖背后的湿地修复工作，小组完成红雨湖湿地生命力报告	2-2 能了解生态公园的湿地修复工作和相关的访客行为要求； 4-1 通过观察、记录和小组讨论等方式，能意识到红雨湖是众多湿地生物的家园； 4-2 通过小组讨论等方式，能理解湿地对城市生物多样性的支持作用； 5-2 通过收集资料、小组讨论等方式，初步分析红雨湖周边人类活动对生物多样性的影响； 6-1 呼吁身边的家人、朋友保护湿地，分享个人能做的保护行为； 6-2 与家人或朋友一同调查身边的一处湿地，了解其生物多样性状况及保护现状
评价	活动后一周内（班级教室）	活动复盘，收集后测资料	收集后测数据

十、教学人员和器材

表3　教学人员和器材

人员 / 器材类别	主讲	助教	（班级）助手	学生
教学用具	**热身及引入：** 1张A3深圳河湾流域示意图 1张A3生态公园功能分区示意图 1张A3红雨湖栖息环境示意图 1份“红玉湖湿地生命力调查”任务单 **实地观察：** 生态公园常见物种图鉴 **分享与总结：** 生态公园常见物种图鉴	同主讲	**课前沟通与准备：** （标本或模型，须邮寄到班级） **开场介绍：** 生态公园科普展馆路线指引图	**开场介绍：** 45～55个布包（内有1份“红雨湖湿地生命力调查”任务单、1个放大镜和1个坐垫） （学生可带走探索任务单，其他需回收）
着装	1个工作证（背贴微网页二维码） 1件户外工作服/志愿者马甲 1顶遮阳帽 1双户外/运动鞋	同主讲	1套浅色衣裤 1顶遮阳 1双运动鞋	1套长袖校服 1顶遮阳帽 1双运动鞋
个人随身物品	1支防晒霜（可选） 1瓶止痒膏（可选） 1把雨伞 1个水壶/水杯（非一次性塑料用品）	同主讲	同主讲	同主讲
其他	1个随身急救包及清单（弹性绷带、酒精降温贴、酒精棉片、肘形创可贴、蛇药、蜂药、普通宽胶带、牙膏、电解质饮料）	1个急救药箱（含清单及安全预案流程图） 1个随身急救包及清单 1桶饮用水及水嘴 1个大号教具袋 1份教具清单	无	无

十一、教学流程

（一）课前沟通与准备

完成活动预约申请后，班级老师将在户外活动前一周收到教学活动包，并根据教师指引和教学器材完成课堂教学。

1. 收集前测问卷（25分钟）

开展课堂教学前一天，请让家长或老师协助班级学生完成前测问卷。

2. 阅读邀请信，告知参观任务及行前准备（15分钟）

（1）班级老师询问学生深圳的湿地在哪些地方，并展示校园内或学校周边多处代表性湿地的图片，说明组成湿地的三大关键要素为水、湿地土壤和适应湿地生活的生物。深圳河湾流域的天然湿地主要有深圳河和深圳湾沿岸的红树林及滩涂，人工湿地主要包括深圳水库、福田红树林国家级自然保护区的基围鱼塘、新洲河人工河道和福田红树林生态公园的人工湖。其中也有些人工修复的天然湿地，如华侨城湿地和福田红树林生态公园生态修复区的红树林湿地。

（2）班级老师告诉学生即将要考察位于深圳湾周边的福田红树林生态公园，并阅读邀请信，说明本次考察任务是探秘生活在生态公园红雨湖的湿地物种，告知行前准备要求，包括户外着装、必备物品及行为要求。

（3）班级老师重申邀请信中的行前准备要求，强调活动当天要听从主讲和助教的指令才能顺利完成参观任务。

（二）开场介绍

户外活动前一天，工作人员与班级老师确认“教师行前检查清单”的所有事项均已完成。户外活动前2小时，主讲和助教一同完成着装确认、教学器材清点、教案备课、现场踩点，并与司机确认大巴车行程。

1. 欢迎师生，介绍主讲和助教，点名（15分钟）

（1）班级师生乘坐大巴车到福田红树林生态公园隧道口下车，并根据指引图步行至科普教室（图2）。助教迎接师生，回收老师带来的资料，请学生在科普教室内站成8队、两组一列，原地坐下。

图2 科普教室位置

（2）助教欢迎师生到福田红树林生态公园参加“湿地生命力”活动，并介绍主讲和助教，说明两人将带领学生探索生活在红雨湖的湿地生物及其栖息环境。

（3）助教请班级老师协助点名，确认在场师生均已购买户外保险且报备身份信息。

（三）热身及引入

1. 介绍生态公园的地理位置和“前世今生”，以及活动路线（15分钟）

（1）主讲拿出深圳河湾流域示意图，询问学生哪些属于湿地，并再次指出图中的河流、水库、人工湖及深圳湾沿岸为人工或天然湿地。主讲向学生介绍生态公园的重要地理位置，说明生态公园是福田红树林国家级自然保护区和香港米埔自然保护区之间的生物廊道，为湿地动物提供自由移动和迁徙的通道，同时也能减少人类活动对保护区的干扰，是一个肩负湿地保护和科普教育任务的湿地公园。

（2）主讲向学生介绍福田红树林生态公园的“前世今生”。生态公园本来是福田红树林国家级自然保护区的红树林湿地的一部分。后来城市建设砍伐了红树林，变湿地为陆地，将这里用作练车场、高尔夫球场、运沙码头等。直到2015年建立生态公园，红雨湖也得以修建为人工湖。主讲展示生态公园功能分区地图，说明生态公园根据功能分为科普游览区、生态修复区和生态控制区，以及红雨湖所在区域为科普游览区。

（3）主讲拿出生态公园功能分区示意图（图3），向学生重申今天的参观任务是探秘生活在红雨湖的湿地物种，即调查红雨湖的湿地生命力，并介绍活动路线。主讲说明本次活动时间为3小时，主要活动区域为科普游览区的科普教室和红雨湖沿岸。大家先在科普教室了解红雨湖湿地生命力的调查方法，做好户外观察的准备，再分成两队去户外考察红雨湖北区和南区的湿地物种类群。最后返回科普教室，完成小组任务和调查回顾。

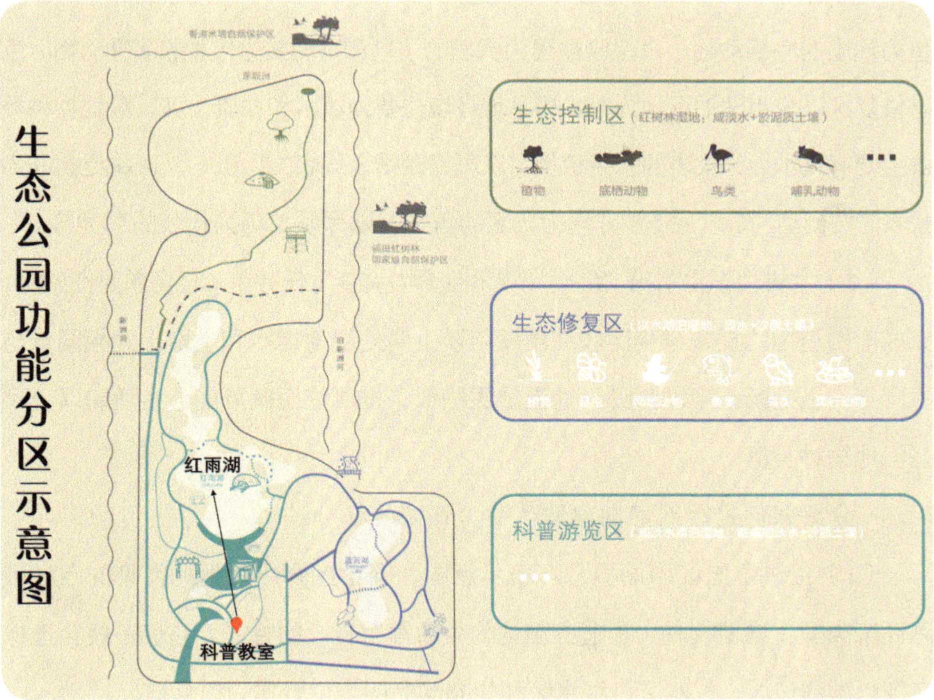

图3　生态公园功能分区

2. 介绍生态公园的两种代表性湿地及湿地物种（10分钟）

（1）主讲说明生活在红雨湖的湿地物种越丰富、数量越多，代表红雨湖的湿地生命力越强。主讲继续询问学生组成湿地的三大关键要素有哪些，说明湿地的水和土壤为湿地物种提供了栖息环境。

（2）主讲以生态控制区和生态修复区的两处湿地为例，介绍生态公园常见的湿地物种及其归属的类群，并展示代表性环境和物种的图片。其中，生态控制区以人工修复的红树林湿地为主，栖息地环境主要为河流入海口的咸淡水和淤泥质土壤，生活的湿地物种类群主要有以红树植物为代表的植物、以弹涂鱼为代表的底栖动物、以黑脸琵鹭为代表的水鸟和以豹猫为代表的哺乳动物。生态修复区以淡水湖泊湿地为主，栖息地环境主要为淡水和沙质土壤，湿地物种类群主要有以水烛为代表的水生植物、以斑翅丽蜻为代表的昆虫、以斑腿泛树蛙为代表的两栖动物、以尼罗罗非鱼为代表的鱼类、以黑领椋鸟为代表的鸟类等。

（3）主讲请学生拿出“红雨湖湿地生命力调查”任务单（任务单见图7），完成前两道题。提醒学生比较红雨湖与以上两处湿地在水和土壤上的相同点与不同点，以判断红雨湖与哪一处湿地更相似；推测红雨湖可能会生活着以上哪些湿地物种类群。

3. 介绍如何进行红雨湖湿地生命力调查（10分钟）

（1）主讲拿出红雨湖栖息环境示意图，向学生介绍红雨湖常见的四种栖息环境类型。湿地物种为了适应湿地的生活都有自己的特征，它们一般会选择在红雨湖的边坡、浅水区、深水区和生态浮岛四个位置作为栖息地。

（2）主讲请学生翻到任务单的“湿地物种照相馆”部分，并介绍观察和记录工具的使用方法。当你到达红雨湖沿岸时，可以先找找附近是否有边坡、浅水区、深水区和生态浮岛，确认好湿地物种栖息环境的大致位置。然后你可以阅读任务单的观察提示，由近到远地观察，发现至少三种湿地植物、两种湿地动物和一种你认为有趣的湿地物种或现象。你还可以借助放大镜和望远镜观察湿地物种，如用放大镜观察近处的一朵花或一只蚂蚁，用望远镜观察远处的一只鸟或一棵树。当你观察之后，就可以在表格空白的地方画出它们的样子，如果它们刚好离开了，你也可以画下它们留下的痕迹，如啃食过的叶子。坐垫可以帮助你坐下来仔细观察身边的动植物。当你不确定出现的湿地物种是哪一个类群时，记下它与你曾经见过的哪些物种最相像，并询问主讲或助教。主讲提醒学生留意红雨湖附近的警示牌和科普解说牌，注意身边的游客行为并记录下来。

4. 做好3个准备，说明户外行为要求（10分钟）

（1）主讲说明外出调查前需要做3个准备，学生需要在10分钟内接饮用水、去洗手间和喷驱蚊水，完成后到科普教室外集合。并向学生说明跟队老师和家长与主讲需要5分钟开现场确认会，请学生各自完成自己的3个准备，由8位小组长协助召集组员集合。

（2）10分钟后，主讲请助手与小组长协助清点人数、确认组员已做好3个准备。所有人集合后，主讲再次与学生确认各组负责的助手，请学生有需要时及时向身边的助手求助。如有班级集合时秩序较差，主讲可练习整队的口令。

（3）主讲重申生态公园不仅是访客游览的地方，更是湿地物种的家园，红雨湖希望与大家共同达成以下约定，做一名合格的访客。

①尽量降低音量、靠右行走，不影响其他访客，不惊扰动植物。

②保持安静，走在指定的道路上，在水边观察时注意脚下安全。

③没有主讲和助教的允许，不随意触碰园内的动植物和鸟粪，保证自身安全。

④垃圾随身带走，不污染动植物家园。

⑤紧跟队伍，不超过也不落后，团进团出。

（四）实地考察

实地考察（60分钟）

（1）主讲和助教带领学生介绍湿地生命力考察路线（图4），各带4组学生分头调查红雨湖北区和南区（图5、图6）。1～4组的路线为红雨湖南区的④、⑤、⑥，最后从湖中央的小桥返回科普教室。5～6组的路线为红雨湖北区的①、②、③，最后从双贝亭返回科普教室。

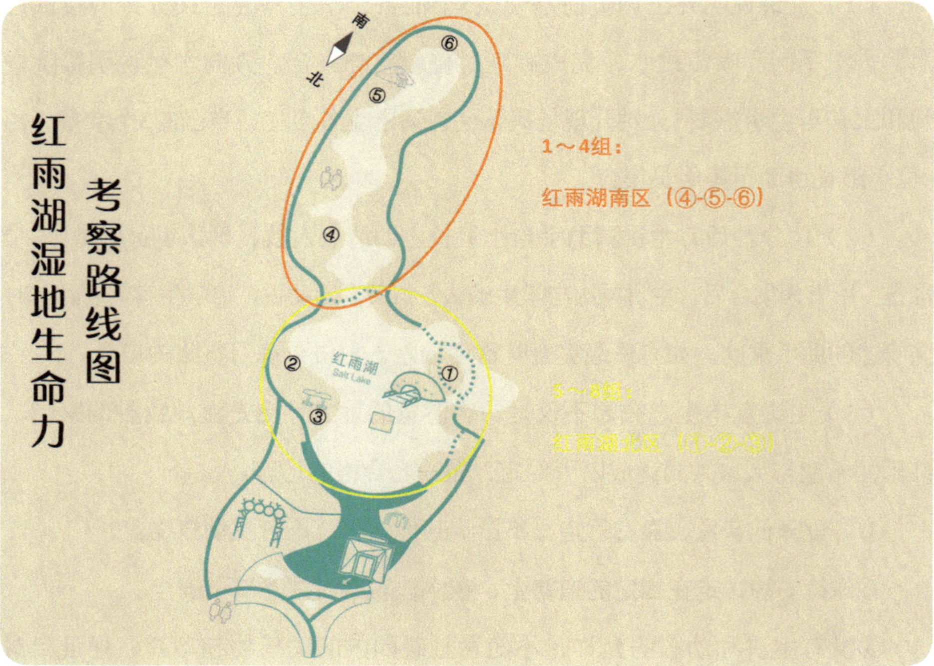

图4 红雨湖湿地生命力考察路线

图5　红雨湖北区

图6　红雨湖南区

（2）主讲和助教带领学生在每处观察点可停留15～20分钟，需要在第一处停留点现场引导学生使用任务单、个人的放大镜及小组的望远镜进行观察、记录，提醒学生需要轻轻触摸植物，采摘、揉碎等剧烈动作会伤害到植物。

（3）学生在红雨湖完成调查任务的过程中，主讲、助教及助手需要时刻注意学生安全，道路狭窄时注意引导学生分散观察。

（五）分享及总结

1. 小组内分享调查体验，共同完成红雨湖湿地生命力图（15分钟）

（1）主讲、助教分别带领队伍到达观鸟屋，提醒学生拿出坐垫坐下休息、补水。随后，主讲请各小组围坐成一个圈，询问学生观察到了哪几种栖息环境、遇到了哪些湿地物种类群，发现了哪些游客警示牌。

（2）主讲请各小组完成红雨湖湿地生命力报告的第一部分，绘制本组的红雨湖湿地生命力图，并请学生思考红雨湖作为人工湿地是否具备湿地生命力。

2. 介绍红雨湖背后的湿地修复工作，小组完成红雨湖湿地生命力报告（25分钟）

（1）主讲介绍红雨湖的湿地生命力背后的湿地修复工作。红雨湖自建成以来，公园的保育工作人员不断改善土壤、持续补充湖水、引入乡土植物种类，提升红雨湖的湿地物种栖息环境，环境改善后能够支持自然传播的植物落地生长，植物变得多样起来，随后就吸引了昆虫、两栖动物、爬行动物、鸟类等湿地物种来此栖息，热爱自然的公园访客们也多了起来。但是，保育工作人员发现有访客偷偷放生动物、种植植物、采摘植物，这些不知来历的动植物很容易造成红雨湖湿地物种受侵害，严重的会霸占原有湿地物种的生存空间、抢夺它们的食物。

（2）主讲请小组学生继续完成红雨湖湿地生命力报告，思考如何向游览红雨湖的访客展示红雨湖的湿地生命力，以及访客可以如何帮助红雨湖保持湿地生命力。

（3）主讲请各小组展示红雨湖湿地生命力报告，每组5～10分钟。主讲奖励每组学生生态公园的常见物种图鉴，鼓励大家继续发现红雨湖的湿地生命力，并揭示即使是小小的一块城市湿地也能支持一定的生物多样性。

3. 合影，返回学校（20分钟）

（1）主讲请学生收拾好随身物品，请4位助手协助回收、清点所负责小组的布包、放大镜、坐垫，确认数量后存放至对应收纳箱。

（2）助教拿出横幅，与班级老师协助组织学生合影。主讲、助教与师生告别，师生乘坐大巴车返回学校。

（六）评价

1. 主讲和助教进行活动复盘（40分钟）

主讲和助教根据教具器材清单一一清点物资，存放至指定位置。并根据活动复盘表完成当场活动的复盘，回顾和反思活动各个环节中出现的问题，梳理解决方案和总结教学经验，并记录下来。

2. 后测问卷收集（30分钟）

活动后一周内，工作人员联系班级老师继续收集学生的后测问卷，并每季度定期收集教师的活动反馈问卷。

十二、教学资源

教学器材

主讲教具
（部分展示）

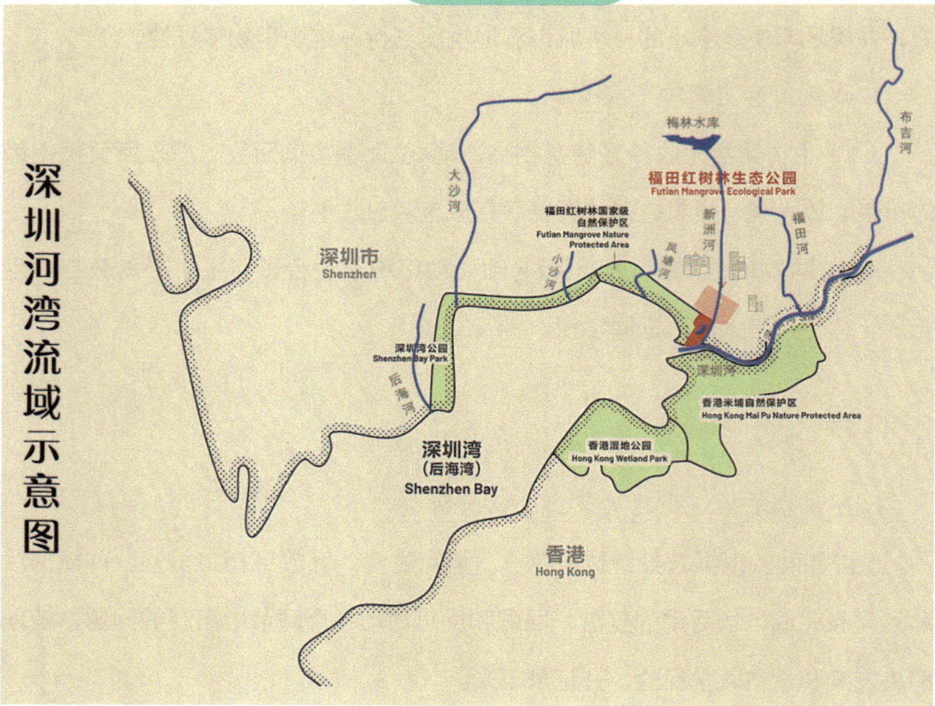

学生任务单（部分展示）

湿地物种照相馆

3. 你发现了哪些湿地物种类群？它们在红雨湖的哪些位置？
同一类群的两个物种长得也会不一样，在你发现的位置画出它们的画像或其他痕迹吧！

发现位置	A.边坡	B.浅水区	C.深水区	D.生态浮岛
3种不同的湿地植物	1种花朵闻起来香香的植物 1种树干摸起来光滑的植物 1种叶子摸起来带刺的植物	1种沉在水底的植物 1种漂浮在水面的植物 1种伸出水面的植物	无	1种比你高的植物 1种比你矮的植物 1种
2种不同的湿地动物	1种正在飞行的蜻蜓或蝴蝶 1种正在发出声音的蛙或昆虫或鸟	1种游泳的鱼或龟或大型底栖动物 1种正在觅食的鸟或其他动物	1种在湖底挖坑的鱼 1种正在打斗的湿地动物	1种正在休息的龟 1种正在栖息的长腿水鸟
1种有趣的湿地物种或现象				

4. 你在红雨湖附近发现“请勿放生”警示牌了吗？想一想，为什么不能在红雨湖放生？
你还发现了哪些警示牌？

红雨湖湿地生命力报告

1. 你们小组成员发现了哪些湿地物种类群？它们在红雨湖的哪些位置？画出属于你们小组的红雨湖湿地生命力图吧！

2. 你觉得红雨湖作为人工湖泊具有湿地生命力吗？你会如何向公园的访客介绍红雨湖，你希望他们怎样帮助红雨湖保持湿地生命力？

不要忘记写下小组成员的名字，我们的小组有：

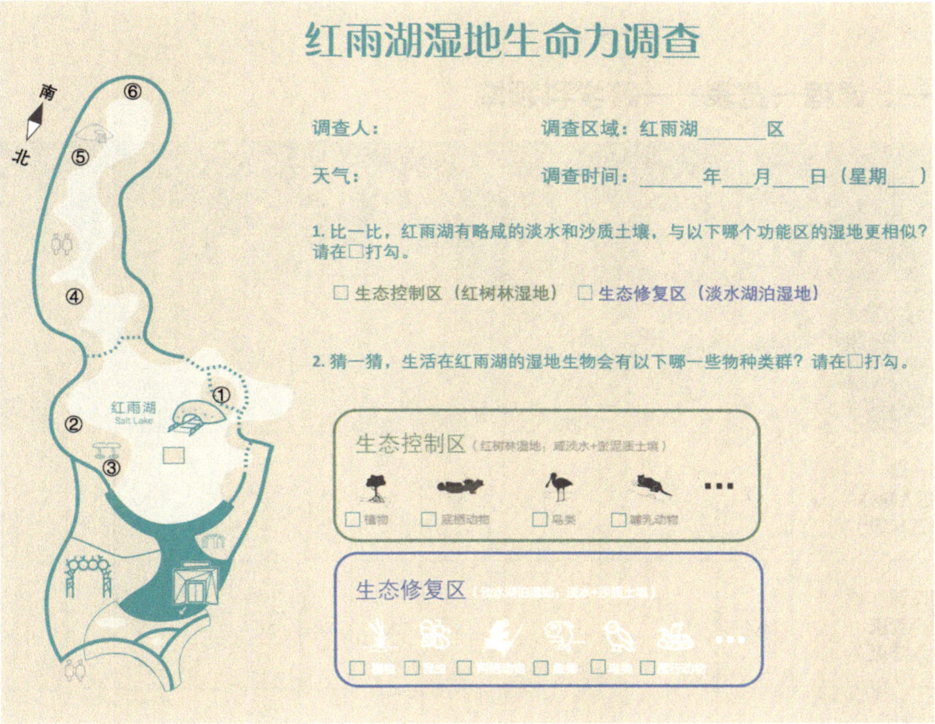
红雨湖湿地生命力调查
南
北
⑥
⑤
④
①
②
③
红雨湖
Salt Lake
调查人：
调查区域：红雨湖______区
天气：
调查时间：______年___月___日（星期___）
1. 比一比，红雨湖有略咸的淡水和沙质土壤，与以下哪个功能区的湿地更相似？请在□打勾。
□ 生态控制区（红树林湿地）
□ 生态修复区（淡水湖泊湿地）
2. 猜一猜，生活在红雨湖的湿地生物会有以下哪一些物种类群？请在□打勾。
生态控制区
□ 植物
□ 底栖动物
□ 鸟类
□ 哺乳动物
生态修复区

图7　部分教学器材

附 录

一、课程一览表——跨学科领域

课程方案	跨学科领域（课程内容）														
	科学		生物		地理		语文			数学		艺术		劳动	
	生命科学	地球与宇宙科学	生物的多样性	生物与环境	认识区域	地理实践	实用性阅读与交流	文学阅读与创意表达	思辨性阅读与表达	图形与几何	统计与概率	欣赏	创造	日常生活劳动	服务性劳动
第一课 走进海上森林 （一～三年级）	√	√					√	√	√	√		√	√	√	√
第二课 鸟儿小管家 （四～六年级）	√	√					√	√	√	√		√			√
第三课 生机勃勃的潮间带 （七～九年级）	√	√	√	√	√	√	√	√	√	√	√				√
第四课 寻找红树之旅 （四～六年级）	√	√					√	√	√	√		√	√	√	√
第五课 湿地生命力 （四～六年级）	√	√					√	√	√	√	√				√

注：本表内容参考国家课程《义务教育课程标准》（2020版）制定，新课标的课程实施要求深化教学改革和改进教育评价，包括坚持素养导向、强化学科实践、推进综合学习、创新评估方式方法等，本书的五个课程方案所具备的体验式、沉浸式、跨学科等特点，完全可以作为新课标的跨学科主题教学和评估案例，协助教师充分利用课内外教学资源达成教学目标，帮助学生获得本地的、真实自然环境中的、探究式的、第一手学习体验，并获得意识、知识、态度、技能与行动等方面的学习成效。

二、自然教育课程教学目标设计及表格

1. 教学目标设计

一～二年级，教学目标设计应强调培养学生的意识能力和敏感度，撒下对自然亲近友善的种子。

三～四年级，学生在10岁开始能够理解抽象概念，并建立对世界的理解尤其是对自然世界的认知，此时是确立学生的生态认知和态度的重要阶段。教学目标需强调对重要生态学概念如物质循环、能量流动、栖息地和群落等内容的基础认知。

五～六年级，教学目标应基于三～四年级的认知理解，进行强化和加深，但不需要有太多知识概念的提升。

七～九年级，13岁以后的学生开始向成年人的思维方式转变，已经有了确定的自我认知和价值观，教学目标可考虑增加更多讨论、思辨、行为倡导的内容。

注意

①所有学习活动都应强调体验的设计，突出户外教学的优势，通过各种不同的体验手法，打造深入的学习经验。不能简单理解为年龄小“少讲”，年龄大“多讲”。多运用“分享”和“动手”的手段，减少“展示”和“讲解”的环节。

②进行教学目标设计时，应尽量考虑与学科课程标准相关联，与本区域学科教材的教学内容相配合，为教材使用提供本土化教学资源。其中一～六年级主要与小学科学大概念相关联，七～九年级主要与地理、生物的课程标准相关联。

③考虑到三～四年级学生为参与深圳湾湿地学校课程的主要群体，在课程研发人力有限的实际情况下，本书的课程方案采用一～三年级、四～六年级、七～九年级的分段方式。为便于使用者参考课标完成教学目标，以下教学目标设计表采用一～二年级、三～四年级、五～六年级和七～九年级的分段方式。

说明

每个年级在不同环境教育目标上有不同的要求，“*”表示的是重要程度，“*”越多表示该板块目标越重要。

2. 教学目标设计表

课程主题	一~九年级总目标							
环境教育目标	一~二年级总目标	一~二年级分目标	三~四年级总目标	三~四年级分目标	五~六年级总目标	五~六年级分目标	七~九年级总目标	七~九年级分目标
意识：使学生获得对环境、环境问题、环境保护、环境探索的意识与敏感度								
知识：使学生获得对环境、环境问题、环境保护、环境探索的基本了解								
态度：使学生获得关心环境和环境问题的价值观与情感，以及主动保护环境和进行环境探索的积极性								
技能：使学生获得识别和解决环境问题以及进行环境探索的技能								
行动：使学生养成有利于环境的行为，或增加学生与环境的积极正向互动								

三、故事线和教学内容及活动框架

1. 故事线和教学内容

（1）故事线指的是能够贯穿整个活动的“引子”。例如，参与者变身为一只候鸟，需要在保护区找到适合自身生存的栖息地，主题就是“小鸟找家”；参与者变身“寻宝人”，到保护区寻找城市隐秘的“鸟儿天堂”；参与者变身侦探，要到保护区破案……总之，是能提升参与者兴趣的一个故事。

（2）教学内容即教学活动内容，通常包括课程内容和教学组织设计。其中，课程内容设计必须要与前期设定的教学目标相对应，以保证整个活动的教学效果或学习成效能按预期实现。教学组织设计不一定有对应的教学目标，通常体现为提升参与者的期待、收集前测数据、清点人数等辅助教学作用，为教学目标的实现提供实施保障。

注意

本部分的教学活动设计目的，是基本保证故事线的发展逻辑与教学逻辑能够并轨，具体的教学活动将在“教学大纲”中进行更具体的设计与考虑。

2. 活动框架设计表

故事线			
教学环节	作用	教学内容	对应教学目标
课前沟通和准备			
开场介绍			
热身及引入			
实地考察			
分享及总结			
评估			

四、教学大纲

1. 教学大纲内容

课程方案设计人员应根据教学时间、地点、对象等具体信息，进一步细化每一个教学环节所必需的课程实施支持，包括教学器材设计与制作，教学场地安全排查与改造，教学组织要求与分工，课程前、中、后基本流程等。其中，教学大纲中需要呈现的内容主要为教学时间及地点、教学器材和教学内容中的教学组织。

2. 教学大纲设计表（例）

故事线			
教学环节	作用	对应教学目标/作用	教学器材
课前沟通和准备			
开场介绍			
热身及引入			
实地考察			
分享及总结			
评估			

五、教学成效评估工具

1. 前后测绘画问卷

导语：亲爱的同学们好，感谢参加这次活动，为了帮助活动的开展和改进，我们想了解一下大家目前的想法，希望大家帮忙画一张图。
注意：画图不要求精美，可以使用任何种类的画笔，画图与大家的成绩完全无关，大家不需要有任何顾虑，放心表达你自己的想法即可。

学校：	班级：	姓名：	学号：	性别：

请画出：当你听到“福田红树林国家级自然保护区”时，想到的任何东西（如情景、事物、人物、事件），并用文字适当说明。

注：在课程实施前一周和课程实施后一周内，请学生完成前后测绘画问卷，以了解学生参与活动前后发生的概念变化/看法变化。

2. 后测访谈问卷

导语：同学你好，我想询问你几个关于这次活动的问题，了解一下你的想法、体会和建议，帮助我们改进活动。为了不遗漏每个重要信息，我会对这部分内容进行录音，以帮助记录。我们所有的访谈内容都将匿名处理。希望你放心畅谈，表达自己的想法，不需要有任何顾虑。

学校：	班级：	姓名：	学号： 性别：

1. 请你回忆一下这次在福田红树林国家级自然保护区的活动。你觉得你在其中收获了什么？印象最深刻的事情是什么？（可以适当追问：为什么对这个内容印象最深？）
2. 这次活动让你获得了什么知识？增长了什么见识？形成了什么看法？例如，有关红树林、福田红树林国家级自然保护区、环境保护，有了哪些新的认识、看法？
3. 这次活动对你的学习、生活有哪些影响？你从中学到的东西有哪些用到了平时的学习、生活中？请举例说明。
4. 在这次活动中，你对自己有什么评价和看法？你觉得在哪些方面有所进步？哪些方面还有不足？这次活动对你的爱好、理想有哪些影响？
5. 你跟哪些朋友、家人或其他人提起过关于这次活动的哪些事情？例如，经历、收获、感受。你跟一起参加活动的同学再次说起过这次活动的什么事情？你在这次活动中能否交到一些朋友？
6. 对本次活动你如何评价？有哪些意见和建议？

注：在课程实施后一周内一对一访谈部分学生，了解学生认为自己所得的收获。预期成效包括环境学习（意识、知识、技能、态度与行动）、社会互动（社会技能、与参与者回忆、与非参与者分享）、自我发展（自我效能、自我评价、性格、爱好、理想）。

参考文献

[1] 蔡志扬，李静，薛文杰. 中国沿海水鸟调查报告（2012.1—2019.12）[R]. 香港：香港观鸟会，2020.

[2] 崔文浩，王孟琪，黎双飞，等. 福田红树林湿地大型底栖动物与浮游动物调查研究[J]. 环境科学与管理，2020，45（10）：173-176.

[3] 冯文利，王学雷，史良树，等. 我国湿地资源保护与权属管理现状的调研思考[J]. 中国土地，2022（3）：8-11.

[4] 红树林基金会（MCF）. 福田红树林生态公园2019年度监测报告[R]. 2019.

[5] 辜晓进. 新闻的名义[M]. 北京：中国人民大学出版社，2018.

[6] 关开朗，张信坚，谭广文，等. 深圳市红树林典型群落的物种组成及结构多样性研究[J]. 生态科学，2021，40（4）：83-91.

[7] 广东省林业政务，全国自然教育网络. 广东省自然教育工作探索与实践[M]. 北京：中国林业出版社，2021.

[8] 国家林业和草原局. 关于充分发挥各类自然保护地社会功能大力开展自然教育工作的通知[EB/OL].[2019-04]. http://lyj.gd.gov.cn/notification/content/post_3721350.html.

[9] 红树林基金会（MCF）. 中国湿地教育中心创建指引[M]. 北京：中国林业出版社，2021.

[10] 胡卉哲，胡思帆，陈阳，等. 探索环境教育与课程教学融合成效——以红树林基金会（MCF）《水资源教育》课程为例[J]. 环境教育，2020（10）：62-65.

[11] 胡思帆，钟茜，胡卉哲，等. 将环境教育融入学校教学课程体系——深圳红树林基金会与深圳中学《水资源教育》课程设计与探索 [J]. 环境教育，2018（12）：67-70.

[12] 胡蓉，莫少雯. 中国研学旅行研究热点与走向 [J]. 西南师范大学学报（自然科学版），2021，46（5）：81-87.

[13] 贾凤龙，陈海东，王勇军，等. 深圳福田红树林害虫及其发生原因 [J]. 中山大学学报（自然科学版），2001（3）：88-91.

[14] 姜力，张占庆，姚明远，等. 基于自然保护地开展自然教育的现状及建议 [J]. 吉林林业科技，2021，50（3）：39-42.

[15] 柯山，潘辉，陈钦，等. 旅游者环境契合度影响因素及关系模型研究——以武夷山国家公园为例 [J]. 自然保护地，2022，2（1）：12-22.

[16] 雷光春，范继元. 我国湿地生态环境问题及根源探析 [J]. 环境保护，2014，42（8）：15-18.

[17] 李鸣光，鲁尔贝，郭强，等. 入侵种薇甘菊防治措施及策略评估 [J]. 生态学报，2012，32（10）：3240-3251.

[18] 李志刚，王林聪，叶静文，等. 红树林八点广翅蜡蝉对不同颜色及寄主植物的趋性选择 [J]. 南方农业学报，2015，46（9）：1624-1627.

[19] 廖宝文. 深圳湾红树林恢复技术的研究 [D]. 北京：中国林业科学研究院，2003.

[20] 廖宝文，张乔民. 中国红树林的分布、面积和树种组成 [J]. 湿地科学，2014，12（4）：435-440.

[21] 林石狮，田穗兴，王英永，等. 2007—2011年深圳湾鸟类多样性组成和结构变化 [J]. 湿地科学，2017，15（2）：163-172.

[22] 罗明，杨崇曜，周妍，等. 基于自然的解决方案典型案例之二：深圳湾红树林湿地修复项目 [EB/OL]. [2021-01-13].https：//mp.weixin.qq.com/s?__biz=MzIyNzA3MDkyOQ==&mid=2653663548&idx=1&sn=f69085c8

da71d841ffb654a389f7ffb7&scene=21#wechat_redirect.

[23] 人民教育出版社环境教育中心，红树林基金会（MCF）. 神奇湿地：环境教育教师手册［M］. 北京：人民教育出版社，2020.

[24] 深圳市生态环境局. 深圳市生物多样性白皮书［R］. 深圳，2021.

[25] 沈国英，黄凌风，郭丰，等. 海洋生态学［M］. 3版. 北京：科学出版社，2009.

[26] 沈凌云，宁天竹，吴小明，等. 深圳湾凤塘河口红树林修复工程［J］. 价值工程，2010，29（14）：55-57.

[27] 湿地公约秘书处. 全球湿地展望：全球湿地及其为人类提供服务状况［R］. 瑞士格朗，2018.

[28] 世界自然基金会地球生命力报告2020. 扭转生物多样性丧失的曲线［R］. 瑞士格兰德， 2020.

[29] 宋玉萍，宋志利，田大永，等. 我国湿地保护现状及措施［J］. 绿色科技，2010（11）：125-127.

[30] 唐小平，栾晓峰. 构建以国家公园为主体的自然保护地体系［J］. 林业资源管理，2017（6）：1-8.

[31] 王刚. 环境治理新概念引入的价值与限度［J］. 重庆大学学报（社会科学版），2016，22（2）：146-151.

[32] 吴海轮，周琳，徐华林，等. 粤港澳大湾区红树林湿地鸟类承载力评估与提升对策——以深圳湾福田红树林为例［J］. 北京大学学报（自然科学版），2020，56（6）：1056-1064.

[33] 吴蒙. 环境教育效果评估体系的建立与应用［D］. 北京：中国科学院大学，2016.

[34] 吴蒙，胡卉哲，曾卓，等. 项目评估报告—保护区红树项目［R］. 深圳：红树林基金会（MCF），2021.

[35] 吴蒙， 胡卉哲，曾卓，等. 项目评估报告—保护区鸟类项目［R］. 深圳：红树

林基金会（MCF），2021.
[36] 闫敏华. 中国湿地保护事业的发展与未来［ J ］. 地理教育，2014（Z2）：8-10.
[37] 闫中正，王文卿，黄伟滨. 红树胎生现象及其对潮间带生境适应性研究进展［ J ］. 生态学报，2004（10）：2317-2323.
[38] 杨路年. 米埔湿地：华南的一块生态瑰宝［ J ］. 中国生物圈保护区，1997（2）：9-21，49.
[39] 殷书柏，李冰，沈方. 湿地定义研究进展［ J ］. 湿地科学，2014，12（4）：504-514.
[40] 于凌云，林绅辉，焦学尧，等. 粤港澳大湾区红树林湿地面临的生态问题与保护对策［ J ］. 北京大学学报（自然科学版），2019，55（4）：782-790.
[41] 于秀波. 中国沿海湿地保护绿皮书（2017）［ M ］. 北京：科学出版社，2018.
[42] 袁东. 美国教育体系中的环境教育［ J ］. 深圳大学学报（人文社会科学版），2014，31（4）：26-30.
[43] 张征恺，黄甘霖. 中国城市鸟类学研究进展［ J ］. 生态学报，2018，38（10）：3357-3367
[44] 赵金凌，张岚译. 解说人员指导手册：环境解说设计和展示技巧［ M ］. 北京：中国环境出版社，2013.
[45] 赵兴凯. 我国自然教育发展现状分析与发展建议［ J ］. 绿色科技，2021，23（9）：208-211.
[46] 郑光美. 鸟类学［ M ］. 2版. 北京：北京师范大学出版社，2012.
[47] 中国数字科技馆. 红树林湿地生态系统［ Z/OL ］.（2006）.https：//amuseum.cdstm.cn/AMuseum/shuiziyuan/water/01/list01.html.
[48] 中华人民共和国教育部. 义务教育地理课程标准［ M ］. 北京：北京师范大学出版社， 2020.
[49] 中华人民共和国教育部. 义务教育科学课程标准［ M ］. 北京：北京师范大学出

版社，2020.

[50] 中华人民共和国教育部. 义务教育劳动课程标准［M］. 北京：北京师范大学出版社，2020.

[51] 中华人民共和国教育部. 义务教育生物课程标准［M］. 北京：北京师范大学出版社，2020.

[52] 中华人民共和国教育部. 义务教育数学课程标准［M］. 北京：北京师范大学出版社，2020.

[53] 中华人民共和国教育部. 义务教育艺术课程标准［M］. 北京：北京师范大学出版社，2020.

[54] 中华人民共和国教育部. 义务教育语文课程标准［M］. 北京：北京师范大学出版社，2020.

[55] 中华人民共和国教育部. 中小学环境教育实施指南（试行）［M］. 北京：北京师范大学出版社，2003.

[56] 中华人民共和国中央人民政府. 中共中央办公厅　国务院办公厅印发《关于建立以国家公园为主体的自然保护地体系的指导意见》［EB/OL］.［2019-06-26］. http：//www.gov.cn/zhengce/2019-06/26/content_5403497.html.

[57] IUCN. 基于自然的解决方案全球标准NbS的审核、设计和推广框架　第一版［R］. 瑞士格兰德，2021.

后　记

我国自然教育的发展，从公众关注、民间自然教育机构蓬勃发展到政府大力支持、各自然保护地遍地开花，其间不过短短十几年。一路高歌猛进之下，我们从不同的出发点汇入这条名为“自然教育”的洪流，难得的是伙伴们还能一路保持出发时的初心。值得注意的是，我国自然教育发展虽快，但时间尚短，还未积累足够的基础研究，易出现实践先行、理论滞后的情况，给自然教育实践人员和理论研究人员带来不同的挑战，但也正需我们努力破解，方能百尺竿头，更进一步。

本书是红树林基金会（MCF，以下简称基金会）在深圳湾湿地探索学校课程的成果，五个课程方案从构思、实施、评估、迭代到最终成书，是基金会从2017—2022年所积累的学校自然教育经验的一次汇总与提炼。这一过程得到众多人士及机构的帮助与支持，在此致以衷心的感谢。

基金会的初心印刻在机构的愿景之上，“人与湿地，生生不息”，意味着我们所有的自然教育活动因湿地保护而起，最终也将服务于湿地自然保护地的保护目标。明确的愿景与使命，一方面为基金会的自然教育活动锚定了大方向；另一方面又似乎也为其戴上了“枷锁”。我们常听到同行观摩或参与活动后，提出“你们的目标好多啊”“单次活动真的能实现这么多目标吗”“单次活动成效的达成真的能导向保护行为吗”等疑问。这当然是我们在自然教育发展过程中必须要面对的挑战，但其实在发展成熟的环境教育中，以上疑问仍是一个持续存在的现实问题。我们所能做的就是积极学习并实践国内外优秀经验，寻找适合我国国情的自然教育发展模式，及时总结、交流、提炼经验。在本书的成书过程中，我们深刻感受到自然教育实践经验提炼的困难与局限性，因而倍加珍惜和感谢其间所有提供帮助的人与机构，在此谨将他们的名字列出，以表感激之情。

感谢广东内伶仃岛—福田国家级自然保护区管理局、深圳市福田水务局、深圳市福田区教育局及教育科学研究院、深圳市福田区科学技术协会对“湿地科普少年行”课程项目的大力支持，为福田区中小学生走进深圳湾湿地进行户外学习创造了机会。同时感谢深圳市福田区水务局和福田红树林生态公园提供的场地支持。

感谢深圳市福田区的中小学校参与“湿地科普少年行”课程项目，其中包括景鹏小学、梅丽小学、教科院附小、荔园小学（百花）、华新小学、皇岗小学、天健小学、教科院第二附小、彩田小学、福南小学、福苑小学、荔园外国语（水围）、荔园外国语小学、荔园小学（众孚）、美莲小学、南华小学、南开学校、文天祥小学、下沙小学、学府一小、益强小学、园岭外国语小学、园岭小学、梅山小学等20多所小学，以及南华实验学校、北环中学、红岭中学、福田区第二实验学校、教科院附中、翰林实验学校、莲花中学7所中学。尤其感谢梅丽小学科学组组长古雯和梅山小学科学教师钟丽丽，多次带领学生参与户外学习，并对学校课程提出建议。感谢匿名参与学校课程活动反馈的28名学校教师，感谢您们对活动提出的反馈意见、建议，以及对活动的支持与鼓励。

感谢世界自然基金会（香港分会）教育总监梁恩铭先生及其同事对学校课程实施的经验分享。感谢福田区教育科学研究院的孙利秋、陈威等老师，上海崇明东滩鸟类国家级自然保护区和广东湛江红树林国家级自然保护区对学校教师培训的大力支持。感谢钟茜、田穗兴、范红英、陈苗、陈亮萍、廖瑜、杨灵芝、陈倍思、陈伟茵等中小学各科一线教师，以及华侨城湿地孟祥伟、蒋晓迪、方晓婷、谭婷等教育人员，对基金会开展丰富多样的学校自然教育项目所提供的有益建议。

感谢基金会课程研发小组成员及本书编写组成员，为本书成稿与完善所付出的所有努力与坚持。感谢外部专家吴蒙对学校课程评估给予的专业支持与有益探讨，以及为本书提供图片及插画的刘光清（贡米）、黄达娜、胡卉哲、刘丽华、邓丹丹、李惠娟、尹玉柱、安凯闻、 曾卓、肖炳祥和Huangyang Design，感谢中国环境出版集团的编辑谭嫣辞为本书的顺利出版付出的艰辛与努力。

最后，感谢阿里巴巴公益XIN益佰计划爱心商家对红树林基金会（MCF）《走进海上森林　自然教育活动手册》的支持！

恰逢《湿地公约》第十四届缔约方大会在武汉召开，希望以这本手册呈现出我辈在中国湿地保护和湿地教育的些许努力。期待它也能给同伴们带来一些参考和帮助。愿湿地生命永续发展，人与自然和谐共生！

著作委员会

2023年2月